Wagenbachs Taschenbücherei

Die Reihe mit dem Karnickel

REINHARD MOHR ■ DANY COHN-BENDIT

1 9 6 8

Die letzte Revolution, die noch nichts vom Ozonloch wußte

Verlag Klaus Wagenbach Berlin

Originalausgabe

Wagenbachs Taschenbücherei 161

Umschlaggestaltung Rainer Groothuis unter Verwendung einer Zeichnung von Horst Rudolph
Gesetzt aus der Bodoni mager und Rockwell kursiv von MEDIA trend, Berlin
Druck und Bindung durch die Druckerei Wagner, Nördlingen
Printed in Germany. ISBN 3 8031 2161 2

INHALT

Wären Ende der sechziger Jahre der ›Treibhauseffekt‹ und das ›Ozonloch‹ auf internationalen Kongressen diskutiert worden, hätten schon 1968 Experten darüber gestritten, ob die Erde in dreißig, fünfzig oder siebzig Jahren endgültig unbewohnbar sein wird, dann wäre auch Rudi Dutschke nicht umhin gekommen, über die fatale Dialektik von Fluorchlorkohlenwasserstoff und gesellschaftlicher Emanzipation nachzudenken. Rasch hätte er wohl das Zusammenschrumpfen des Zeithorizonts erkannt und auch, daß die Revolte gegen den Kapitalismus zunächst eine Bewegung für die Erhaltung der bloßen Möglichkeit werden müßte, den revolutionären Umbruch noch vor dem ökologischen Zusammenbruch zu schaffen.

Im Jahr 1988 hat die apokalyptische Perspektive längst die revolutionäre verdrängt. Zwanzig Jahre nach ›1968‹ haben sich auf der ganzen Welt die Bedingungen für Protest und Widerstand gegen herrschende Verhältnisse dramatisch verändert. Das ›Prinzip Hoffnung‹, das in jedem Aufbruch steckt, der sich die Veränderung des Menschen und der Welt vorgenommen hat, ist zur Hoffnung darauf geworden, daß die weltweiten Schadstoffemissionen bis zum Jahr 2000 nicht weiter ansteigen.

Die Zukunft ist kein Versprechen mehr, sondern eine Drohung. Geschichte wird nicht mehr gemacht, sondern rückblickend konsumiert. Die Gegenwart ist vor allem der stete Versuch, die drohende Zukunft nicht hereinbrechen zu lassen – vor zwanzig Jahren konnten Millionen Menschen es kaum erwarten, daß sie endlich anbräche. Die mobilisierende Suggestionskraft der ›Zukunft‹ ist durch die suggestive Vorstellung des Lebens im ›Hier und Jetzt‹ abgelöst worden.

Deshalb ist heute jeder Blick zurück, selbst der in die jüngste Vergangenheit, ein Blick wie auf einen anderen

Stern. Die Jahre vor und nach 1968, von denen in diesem Buch die Rede ist, scheinen den einen vertraut zu sein, den anderen ein Mythos und dritten ganz und gar jenseits aller Vorstellung. Die weltweite Revolte von 1968, deren deutscher ›Beitrag‹ auf den folgenden Seiten geschildert werden soll, hat zwanzig Jahre später eine eigenartig fremde Gestalt angenommen, gerade *weil* sie vom ewigen Traum der Menschheit erfaßt war: Freiheit, Frieden, Glück. Die Überzeugung, »daß es ein Band gab, was all die Dinge, die in den vier Himmelsrichtungen auf dieser Erde geschahen, zusammenhielt und ihnen einen Sinn verlieh« (Adriano Sofri), die politische Leidenschaft, die die ganze Welt von ihren alten Fesseln befreien wollte, wirkt heute in ihren großen Worten und großen kleinen Taten beinahe so fremd wie eine historische Abhandlung über die Eßgewohnheiten im ausgehenden Mittelalter.

Mit diesem Blick der Fremdheit ist das kleine Geschichtsbuch geschrieben – ein Bericht aus einer Zeit, da der Wunsch nach radikaler Veränderung des Lebens noch einmal zur Gewißheit zu werden schien, die Zukunft der Menschheit für immer erobern zu können.

September 1988 *Die Autoren*

1

Worin das Land der im Wohlstand lebenden Deutschen in seiner selbstgefälligen Ruhe vor dem Sturm geschildert wird, der seine Boten da und dort schon ausgesandt hat und für erstes Unbehagen sorgt

Als Dr. Heinrich Lübke, Minister für Ernährung, Landwirtschaft und Forsten im Kabinett des Bundeskanzlers Konrad Adenauer, am 1. Juli 1959 mit der absoluten Mehrheit der CDU-Stimmen zum Bundespräsidenten der gerade zehn Jahre alten Bundesrepublik Deutschland gewählt wurde, waren die fünfziger Jahre noch nicht ganz zu Ende und die sechziger Jahre hatten noch nicht begonnen – die Kontinuität der Nachkriegsgeschichte aber war gewahrt. Lübkes sozialdemokratischer Kontrahent im Kampf um das höchste Amt in der zweiten deutschen Republik, Carlo Schmid, Mitglied im ›Parlamentarischen Rat‹ von 1949 und damit einer der ›Väter des Grundgesetzes‹, schreibt zwanzig Jahre nach Lübkes Wahl in seinen ›Erinnerungen‹: »Dieser Mann führte sein Amt treu und redlich, aber ohne den Glanz, den Theodor Heuss (sein Amtsvorgänger, FDP-Mitglied) ihm gegeben hatte. Heinrich Lübke bekannte sich zu seiner einklassigen Volksschule im Sauerland. Er verfolgte die Ereignisse sorgfältig und aufmerksam, nahm sein Amt ernst und nutzte die wenigen politischen Möglichkeiten, die es ihm gab, wie es ihm das Bewußtsein von seiner Verantwortung gebot. Es blieb ihm nicht erspart, als ›der Mann aus dem Sauerland‹ verspottet zu werden, und schlimm traf ihn die Kampagne, die ihn als Erbauer von Konzentrationslagern bezeichnete, weil er Angestellter einer Baufirma in Peenemünde gewesen war, die mit der Errichtung von Baracken für die Unterbringung von Kriegsgefangenen und Zwangsarbeitern zu tun hatte. Er hat diesen Anwurf nie verschmerzt. Ich bewahre Heinrich Lübke und seiner Frau ein gutes Andenken. Sie haben ein Stück Deutschland vergegenwärtigt, das ehrenwert ist.«[1]

Was eigentlich das »Ehrenwerte« an diesem »Stück Deutschland« sein sollte, dessen ein prominenter Sozialdemokrat, später für kurze Zeit Minister der ›Großen Koalition‹ von CDU und SPD, gedenken wollte, blieb ebenso unklar wie der Blick des Jahres 1959 auf die Zeit zwischen 1933 und 1945. Lübke, der bis 1969 Bundespräsident blieb, hatte tatsächlich Baupläne für Konzentrationslager entworfen und unterzeichnet. Er war stellvertretender Bauleiter jener

Ehepaar Lübke vor dem Tadsch Mahal

Firma und arbeitete unter anderem in einem Architekturbüro des ›Stabes Speer‹ beim NS-Rüstungsministerium. Daran konnte er sich später nicht erinnern, und trotz einschlägiger Veröffentlichungen der Tatsachen in den späten sechziger Jahren wollte sich auch die Mehrheit der Deutschen nicht daran erinnern lassen, was sie in den zwölf Jahren unter Adolf Hitler getan und erlebt hatte. Mehr Spaß bereiteten da schon die Auftritte des frisch gewählten Bundespräsidenten Lübke bei Dienstreisen in die weite Welt. Während einer Reise durch mehrere afrikanische Staaten begrüßte er eine Versammlung mit den Worten: *»Sehr geehrte Damen und Herren, liebe Neger!«* Beim Festbankett für die Queen in Bonn preschte er mit seinen Englischkenntnissen vor: *»Equal goes it loose!«*

Die öffentlichen Auftritte des Bundespräsidenten gewannen rasch eine derart surrealistische Dichte, seine Reden waren von solch einer heiter-beschwingten Peinlichkeit, daß die deutsche Schallplattenindustrie nicht lange zögerte und die erste Lübke-LP auf den Markt warf. Die Versprecher korrespondierten mit den Erinnerungslücken, der Spaß mit der Bewußtlosigkeit, in der ständig die ›Verantwortung‹, auch die gute alte ›Pflicht‹ wahrgenommen wurden. Die ›Sechziger‹ – das waren Heinrich Lübke *und* Carlo Schmid, der ungebildet-unbeholfene Staatsdiener und der weltläufig-polyglotte Mann des Staates.

Teetafel des Bundespräsidenten für den Schah und Farah Diba auf Schloß Bellevue, 1967

Während der eine am 2. Juni 1967 den Schah von Persien zur festlichen Aufführung von Mozarts ›Zauberflöte‹ in die Deutsche Oper begleitete und darum die tödlichen Schüsse des Polizeibeamten Kurras auf den Studenten Benno Ohnesorg nicht hören konnte, nahm der andere am 28. August desselben Jahres den Goethe-Preis der Stadt Frankfurt entgegen, weil er sich, so die Laudatio des SPD-Oberbürgermeisters Brundert, »dem Staate verschrieben« habe, um zu seiner »Vermenschlichung« beizutragen. In seiner Erwiderung – ›Goethe als Wegweiser zu mir selbst‹ – betonte Carlo Schmid, gewisse Sätze in Goethes großem Roman ›Wilhelm Meisters Lehrjahre‹ erschienen ihm als Paraphrasen zu dem Hegel-Wort »Werde selber Staat«. So habe er erkannt, »daß der Rang des Menschen an dem Maße seiner Bereitschaft gemessen werden kann, was er in den Wechselfällen des Lebens aus sich zu machen verstand, in die Gemeinschaft einzubringen«.[2]

In diese Gemeinschaft der Deutschen, die sich »dem Staate verschrieben« haben, gehörte auch der erste Präsident der jungen Bundesrepublik, Theodor Heuss, der 1933 dem berüchtigten ›Ermächtigungsgesetz‹ für Adolf Hitler im Deutschen Reichstag zugestimmt hatte. Ebenso Kurt-Georg Kiesinger, CDU-Kanzler der ›Großen Koalition‹ 1966–1969, der am 1. Mai 1933 der NSDAP beigetreten war und später als Referatsleiter im NS-Außenministerium der ›Verbindungsmann‹ zum Propagandaministerium des Joseph Goebbels wurde. Als Beate Klarsfeld ihn am 8. November 1968 während eines CDU-Parteitages in Bonn öffentlich ohrfeigte, stellte Kiesinger Strafantrag. Beate Klarsfeld wurde noch am selben Tag von einem hilfswilligen Richter (der später von anderen korrigiert werden sollte) zu einem Jahr Gefängnis ohne Bewährung verurteilt. Kiesinger selbst ist nie juristisch zur Rechenschaft gezogen worden, genausowenig wie die erdrückende Mehrzahl jener Deutschen, die sich auf verschiedenste Weise dem nationalsozialistischen Staat ›verschrieben‹ hatten – als Führungskräfte, Beamte, Richter, Offiziere, Soldaten, Angestellte, Mitläufer, Gläubige und Opportunisten.

Der 1 000 000ste Käfer seit 1945:
Jubelfeier bei VW

Die verschwurbelte Sprache Heinrich Lübkes und das humanistisch-verschwiemelte Pathos Carlo Schmids sind kennzeichnend für die Jahre zwischen 1955 und 1965, die Zeit des ›Wirtschaftswunders‹, des ökonomischen und politischen ›Wiederaufstiegs‹ aus den Trümmern des Zweiten Weltkriegs, jene große Anstrengung, alles wieder gut, alles besser machen zu wollen, ohne zurückblicken zu müssen.

Dabei kam es – bei allem ideologischen Streit zwischen der Adenauer-CDU und der SPD Kurt Schumachers und Erich Ollenhauers – zu einer heimlichen Koalition zwischen einer humanistisch argumentierenden Sozialdemokratie und den konservativ-katholischen Strömungen, die mit Adenauer die Regierungsmacht in Bonn innehatten: Moral und Vaterland waren die beiden Hauptelemente jenes ›Gemeinschaftsgefühls‹, das die Atmosphäre in der Bundesrepublik bis tief in die sechziger Jahre prägte. Die Angst der SPD vor dem traumatisch wirkenden Etikett ›vaterlandslose Gesellen‹ ließ ihre Moral des Neuanfangs nach der militärischen Niederlage des Nationalsozialismus 1945 wolkig und zahnlos werden. Der Wettlauf um den 1. Preis des ›guten Deutschen‹ entwickelte eine solche Eigendynamik, daß darüber viele Werte eines durchaus alten Deutschlands wieder fröhliche Urstände feierten: Moral, Pflicht, Vaterland, Treu' und Redlichkeit. Kein Wunder, daß Konrad Adenauer mit dem Wahlslogan »Keine Experimente!« im September 1961 zum dritten Mal eine regierungsfähige Mehrheit im Bundestag erhielt. Die SPD hatte selbst keine wirkliche Alternative zu jenem ›Gemeinschaftsgefühl‹ anzubieten, das im ideologisch bis ins Groteske überhöhten Antikommunismus seine Staatsdoktrin gefunden hatte. Mit einer kollektiven Überdosis des Serums Anti-Bolschewismus bewiesen die Nachkriegsdeutschen ihre Integration ins

westliche Bündnis der alliierten Demokratien, die Hitler geschlagen hatten – eine Art ›Wiedergutmachung‹ und ›Resozialisierung‹ durch antikommunistische Wachsamkeit. Darin wollte sich folglich niemand vom anderen übertreffen lassen und so geriet die Moral zur Sauberkeit der rechten Gesinnung und das Vaterland zum Bollwerk gegen ›den Russen‹. Wer da von ›Gesellschaft‹ redete, war schon verdächtig; selbst derjenige, der nichts mit den realen Zuständen im ›real existierenden Sozialismus‹ der zu dieser Zeit selbstverständlich noch ›Ostzone‹ genannten DDR im Sinn hatte. Goethe und Heinz Erhardt, Roy Black und Beethoven bildeten die schräge, aber klebfeste Symbiose der Gemeinschaftskultur. Die Aufführung von Theaterstücken Bertolt Brechts dagegen wurde behindert, wenn nicht gar verboten. Verboten war seit 1956 auch die KPD, deren führende Ex-Mitglieder unter anderem wegen ›Landesverrats‹ im Gefängnis landeten.

Der gleiche Vorwurf traf am 27. Oktober 1962 das Nachrichtenmagazin ›Der Spiegel‹: wegen des Verdachts, in einem Artikel über das NATO-Manöver ›Fallex 2‹ Staatsgeheimnisse verraten zu haben, ließ die Bundesanwaltschaft in einer nächtlichen Aktion den SPIEGEL-Herausgeber Rudolf Augstein verhaften. Carlo Schmid erinnert sich:

»Die Sache war grotesk. Alles deutete darauf hin, daß der Verteidigungsminister Franz-Josef Strauß eine Nachricht aufgriff, deren Unsinn jedem Unbefangenen klar sein mußte, und es für seine Amtspflicht hielt, das Nachrichtenmagazin ›Der Spiegel‹ als eine Gefahr für die Sicherheit der Bundesrepublik entlarven zu lassen. Noch schlimmer fand ich, daß Konrad Adenauer im Bundestag erklärte, der inkriminierte ›Spiegel‹-Artikel stelle einen ›Abgrund von Landesverrat‹ dar. Die Sache ging aus wie das Hornberger Schießen. Innenminister Hermann Höcherl (CSU) erklärte im Bundestag, die Aktion gegen den verhafteten ›Spiegel‹-Redakteur Conrad Ahlers habe ›ein wenig außerhalb der Legalität‹ stattgefunden.«[3] Gleichwohl könne er nicht »ständig mit dem Grundgesetz unterm Arm herumlaufen«, verteidigte sich der auf eben dieses Grundgesetz vereidigte Innenminister. In der ganzen Bundesrepublik kam es zu Solidaritätsdemonstrationen mit dem ›Spiegel‹, dessen Verlagsräume ausgiebig durchsucht worden waren. Als FDP-Minister schließlich mit ihrem Rücktritt drohten, bildete Kanzler Adenauer sein Kabinett um – Strauß war nicht mehr dabei. Augstein blieb über drei Monate in Haft. Ein Hauptverfahren wurde wegen Beweismangels nie eröffnet.

Der politische Hintergrund dieser ersten großen Affäre in der Bundesrepublik: Der ›Spiegel‹ hatte sich in dem Artikel kritisch mit der Verteidigungsfähigkeit der Bundeswehr auseinandergesetzt und für deren konventionelle Stärkung plädiert – gegen Strauß' Pläne für eine atomare Aufrüstung. Der ›Spiegel‹ war unterdessen zu einem publizistischen Sprachrohr der Antiatombewegung geworden, die über die ›Ostermärsche‹ seit 1960 außerparlamentarischen Protest artikulierte. Waren die Forderungen nach Verzicht auf atomare Bewaffnung eigener und alliierter Truppen in ganz Deutschland zu Beginn von Gewerkschaften und SPD unterstützt worden, so untersagten die Vorstände von SPD und DGB ihren Mitgliedern die Teilnahme an den Demonstrationen seit Ostern 1961. Die Teilnehmerzahlen stiegen dennoch von Jahr zu Jahr.

1963 beteiligen sich an den insgesamt elf Ostermärschen zwischen München und der Lüneburger Heide mehr als 30000 Menschen – recht beachtlich für eine Zeit, in der solches Treiben immer an der Grenze zu Hoch- und Landesverrat verläuft und jeder Teilnehmer mit dem Vorwurf konfrontiert wird, ›vom Osten gesteuert‹, mindestens aber bezahlt zu werden. Dabei sind es in der Mehrzahl Christen, unter ihnen auch Pastor Niemöller, Mitglieder der Naturfreundejugend, Kriegsdienstverweigerer und den ›demokratischen Parteien‹ nahestehende Jugendorganisationen, die den moralischen Impuls des Neuanfangs, der ›Stunde Null‹ ernst nehmen und – nach Hiroshima – gegen den Wahnsinn der Atombombe als Mittel der Verteidigung zu Felde ziehen. Dennoch bleibt die Ostermarschbewegung ziemlich isoliert. Die Öffentlichkeit hat ganz andere Probleme.

Zum Beispiel die Wahl der richtigen Einbauküche, die Entscheidung zwischen Farbfernseher und Schwarzweißgerät, Opel Kadett und VW Käfer. Und immer wieder die Frage »Sein oder Nichtsein?«, »die oder wir?!« Staaten, vor allem Länder der ›Dritten Welt‹, die die ›Ostzone‹ diplomatisch anerkannten, wurden mit Liebes- und Geldentzug bestraft. Die diplomatischen Beziehungen zu ihnen wurden abgebrochen; manchmal genügte die Drohung. Das war die sogenannte ›Hallstein-Doktrin‹. Sie besagte, daß nur die Bundesrepublik die offizielle Repräsentantin des deutschen Volkes sein könne und bis zu einem endgültigen Friedensvertrag die »Brüder und Schwestern drüben in der Ostzone« gleich mitvertrete. Auch dieses Dogma löste sich im Laufe der Zeit in nichts auf, aber es gehörte zu den vielen Verboten in den frühen sechziger Jahren, die auf das Klima drückten, in dem selbst Carlo Schmid ein Opfer telefonischer Überwachung wurde, weil er in alle Richtungen Kontakte unterhielt. Sein Fall zeige, schreibt er, »daß in jenen Jahren selbst ein Mann, dem niemand irgendeine Art von Subversivität oder landesverräterischer Gesinnung auch nur andichten konnte, unter Überwachung stand und für verdächtig gehalten wurde, gegen die Interessen der Bundesrepublik zu handeln«.[4]

So wuchs die spätere Protestgeneration der ›68er‹ in einer »Staatskultur«[5] auf, in der ›Kommunistenjagd‹ keine vereinzelte Unterdrückungsmaßnahme war, sondern Volkssport und Staatsräson in einem. Die Spießer aller Provinzen und Ämter konnten sich im Haß auf alles Fremde, Andere, Kritische vereinigen und als brave, staatstreue Demokraten des Westens die gleichen autoritären Einstellungen zur Lebens- und Arbeitsgrundlage des guten Deutschen erheben, die bis 1945 den ›bösen Deutschen‹ ausgezeichnet hatten. Eine Metamorphose ohne wirkliche Veränderung, »ein Bild allseitiger Geschichtsvernichtung«:[6] Fortschritt im Stillstand.

Als Bundeskanzler Ludwig Erhard, zuweilen ›Vater des Wirtschaftswunders‹ genannt, im Jahre 1964 sein ›Gesetz zur Förderung der Stabilität und des Wachstums‹ formuliert, liegt der Anteil der Bundesrepublik am Weltexport bei zehn Prozent (1950: 3,6 Prozent), pendeln Arbeitslosigkeits- und Preissteigerungsrate zwischen einem und zwei,

das jährliche Wirtschaftswachstum zwischen sechs und sieben Prozent, während in Köln dem millionsten ›Gastarbeiter‹, dem Portugiesen Hernando Rodrigues de Sá, ein ›großer Bahnhof‹ bereitet wird. Man schenkt ihm Blumen und ein nagelneues Moped. Seit dem Bau der Berliner Mauer im August 1961, die das Wechseln von Ost- nach Westberlin und zurück unmöglich und die Unmenschlichkeit des ›Kommunismus‹ für alle Welt anschaulich machte, war die Metamorphose des erfolgreichen, guten, westlichen Deutschland sozusagen auch amtlich abgeschlossen. Das Böse lauerte nicht mehr in der fortdauernden Vergangenheit, es hockte eindeutig ›drüben‹.

Doch eine wirkliche Gefahr drohte dieser Wohlstandsidylle, der scheinbaren Insel des Friedens inmitten weltweiter Auseinandersetzungen zur Zeit der Kriege in Vietnam,

Algerien und im Kongo nicht aus dem Osten, sondern vom Westen.

Am 22. Juni 1962 tanzte ein Pärchen zur Jazz-Musik zweier Schwabinger Gitarristen barfuß in den lauen Sommerabend der bayrischen Metropole hinein, worauf eine Polizeistreife wegen ›ruhestörenden Lärms‹ einschritt und versuchte, die beiden Gitarrenspieler festzunehmen. Innerhalb kürzester Zeit entwickelten sich daraus heftige Straßenschlachten zwischen Polizei und erbitterten Jugendlichen, die sich über mehrere Tage hinzogen. Systematisch wurden Jugendliche von Polizisten zusammengeschlagen. Resultat: viele Verletzte und zweihundert Festnahmen. »Es sah so aus, als wäre die Umsetzung bestimmter Träume in die Wirklichkeit nicht erlaubt – als müßten ›die Erwachsenen‹ Erinnerungen an eigene Fantasien und Wünsche bekämpfen.«[7] Die sogenannten ›Schwabinger Twistkrawalle‹ schienen aus heiterem Himmel zu kommen. Sie waren völlig unerklärlich für die ›Wiederaufbaugeneration‹ und ihr staatsbürgerliches Gemeinschaftsgefühl. Den jungen ›Radaubrüdern‹ und ›Halbstarken‹ schien es einfach ›zu gut‹ zu gehen. In den Augen der Mehrheit, für die es nur noch aufwärts gehen sollte, waren die ›Krawallmacher‹ Feinde des Fortschritts, ›Asoziale‹, die sich durch ihr Verhalten selbst aus der ›Gemeinschaft‹ ausschlossen.

»Gymnasiasten und Studenten pflegten zu jener Zeit den Jazz, den sie als Ausdruck ihrer Anti-Haltung entdeckt und in ›Exi-Kellern‹ heimisch gemacht hatten – schwarze Hose, schwarzer Rollkragenpullover, bleiches Gesicht, unheimlich ›coole‹ Haltung: Morgen macht die Atombombe sowieso alles kaputt.«[8]

Viele fingen an, Sartre und Camus zu lesen, und wenn sie auch nicht alles verstanden, dann doch dies: daß die Welt ein Kosmos unendlicher Beziehungen ist, und die Freiheit des Individuums in seiner Möglichkeit besteht, eine Wahl für die eigene Existenz zu treffen – gegen alle »Unmöglichkeiten« und Notwendigkeiten, wenn nötig, gegen die ganze Welt.

Das Leben war mehr als Arbeit, Freizeit, Wohlstand und Rentenreform, aber »solange du angepaßt bist, kriegst du ja nie einen Widerspruch mit, hast du nur eine instinktive Abneigung, sagen wir mal gegen eine Belastung, gegen Stress, gegen den Leistungsdruck, in dem du drin bist, denn du machst ja mit, automatisch, weil du ja nichts anderes kennst. Denn fährst du zur Arbeit, und wenn du denn die Leute ankiekst, mit denen kriegst du ja auch keinen Kontakt, obwohl du ja immer mit denselben Gesichtern zur selben Zeit fährst, aber da läuft ja auch nichts ab unter den Leuten. So sitzt du denn da und hörst dir immer wieder dieselben Gespräche an, siehst immer dieselben verkaterten Gesichter oder hörst dir denn nochmal den scheiß Fernsehfilm an, den du abends vielleicht unglückseligerweise gesehen hast, den kriegst du denn im Bus nochmals durch Erzählungen mit, entsetzlicherweise, tausend Interpretationen von dem Scheiß. Unausgeschlafen, hungrig erscheinst du denn auf der Arbeit. Zum Beispiel am ersten Tag, als alle Lehrlinge zum Baubüro gegangen sind und dann mit so 'nem Auto zu der Baustelle gefahren wurden, und auf der Fahrt zu dieser Baustelle ist mir plötzlich klar geworden, das machst du jetzt 50 Jahre. Es gibt kein Entkommen. Der Schreck hat mir ziemlich in den Gliedern gesessen, also ich habe immer eine Möglichkeit gesucht rauszukommen.«[9] Bommi Baumann, Anfang der siebziger Jahre Mitglied der Guerilla-Gruppe ›Bewegung 2. Juni‹, hat wie viele seiner Generation den Weg heraus aus der Enge und Tristesse der frühen Sechziger über die Musik gefunden: »We've gotta get out of this place«, sang Eric Burdon mit seinen ›Animals‹ aus der nordenglischen Industrie- und Hafenstadt Newcastle und bewegte nicht wenige dazu, wirklich einfach abzuhauen. Häufig tat's aber auch fürs erste der Hobby-Keller der Eltern, zu dem nur

die besten Freunde Zutritt hatten. Bommi Baumann erwischte es gar im eigenen Bett: »Ich kann mich zum Beispiel erinnern, da hab ich im Bett gelegen und habe immer Radio Luxemburg oder AFN gehört, abends, wenn du nicht mehr runtergegangen bist, hast du denn in der Nacht immer noch Musik gehört, und wie ich das erste Mal Chubby Checkers ›Let's Twist Again‹ gehört habe, bin ich aus dem Bett aufgestanden und habe Twist getanzt und habe es genauso getanzt, wie ich es später gesehen habe, also ich habe es intuitiv richtig verstanden, wie der Mann das gemeint hatte. Ich hab's damals intuitiv richtig erlebt, also feeling gehabt.«[10]

Daß es sich dabei weniger um kontemplative Gefühle der Selbstbesinnung als um Eruptionen der Selbstbefreiung handelte, die sich manchmal auch selbst nicht recht verstanden, zeigten turbulente Rock-Konzerte, in deren Verlauf große Teile des jugendlichen Publikums nicht nur psychisch außer Rand und Band gerieten, sondern auch physisch (fast) alle Alltagshemmungen fallen ließen. Begnügten sich die Zuhörer und Zuhörerinnen in Beatles-Konzerten noch mit minutenlangem Kreischen und vereinzelten Attacken auf Stühle und Bänke, so nahmen tausende von ›Rolling Stones‹-Fans beim Berliner Auftritt der Rockgruppe am 15. September 1965 gleic die ganze ›Waldbühne‹ auseinander, was eine mehrstündige Straßenschlacht mit der Polizei unmittelbar zur Folge hatte. Sachschaden: nahezu eine halbe Million Mark inklusive 17 demolierter S-Bahn-Züge. Pete Townshend, Gitarrist der ›Who‹, die ihre Gigs häufig mit einem qualmenden Trümmerhaufen aus Verstärkern, Schlagzeug und anderen Instrumenten ausklingen ließen, erklärte zum Stück ›My Generation‹: »Der Konflikt zwischen den Generationen ist der Beginn einer großen gesellschaftlichen Revolution.«

Zur gleichen Zeit fängt Bommi Baumann, der vorher nie ein Buch angefaßt hat – »höchstens Karl May oder Jerry Cotton oder so einen Blödsinn«[11] –, an, Allen Ginsburg, Jack Kerouac, Jack London, sogar Jean-Paul Sartre zu lesen, eine wüste Mischung aus ›Beatnik‹-Prosa, Abenteuerroman und philosophischem Existentialismus, die dennoch einen gemeinsamen Nenner besitzt: »...also Leute, die ähnliche Situationen gehabt haben. Du siehst, es gibt noch andere in der ganzen Welt, du kriegst es denn einfach mit. Du bist plötzlich jemand.«[12] Auch in der näheren Nachbarschaft gab es Gleichgesinnte. Sie trafen sich in Berlin bei der ›Dicken Wirtin‹, im ›Seeschlößchen‹, in der ›Gedächtniskirche‹ oder im ›Top Ten‹. In anderen Kneipen wurden sie »wie Neger« behandelt, wegen ihrer langen Haare rausgeschmissen. Auf der Straße spuckten manch wohlanständige Bürger den ›Gammlern‹ ins Gesicht – »ewig Ärger mit wildfremden Leuten, denen ich nun wirklich nichts getan habe«.[13] In einem Bericht der Wiener Zeitung ›Die Presse‹ aus dem Jahr 1966 wird das Bemühen der Staatsmacht um die Wiederherstellung von Ruhe und Ordnung in München anschaulich geschildert: »Zum ersten Mal in der Geschichte Schwabings sind sieben langmähnige Gammler im Morgengrauen von Bäumen des Englischen Gartens runtergeholt worden. Sie hatten dort übernachtet und wurden zu ebener Erde von Beamten der Münchner Polizei erwartet. Der Weckruf lautete: ›Ausweiskontrolle!‹ Bisher hatten die arbeitslosen jungen Herren mit den Pilzköpfen hinter dem Zaun des staatlichen ›Holzhofs‹ im Englischen Garten ihre kurzen Nächte verbracht. Dort waren sie wegen Hausfriedensbruchs an die Luft gesetzt worden. Auf den grünen Wiesen des größten Münchner Parkgeländes wurde es ihnen zu kühl. ›Der erste Schnee wird das Problem klären‹, haben optimistische Polizeibeamte des Schwabinger Reviers vorausgesagt.«[14]

Das war etwas voreilig, aber der Bundestagswahlkampf, der genau ein Jahr zuvor die politische Szenerie der Bundesrepublik erhellt hatte, konnte allen Fürsprechern präventiver Aufstandsbekämpfung nur recht geben. Bundeskanzler Ludwig Erhard, den sein Vorgänger, der 87jährige Konrad Adenauer für inkompetent hielt, verteidigte sich gegen seinen sozialdemokratischen Herausforderer, den damaligen Regierenden Bürgermeister von Berlin, Willy Brandt, ganz im Geist der Zeit mit der zentralen CDU-Parole, die schlicht »Unsere Sicherheit« versprach. Dagegen setzte die SPD ihre ›politische Offensive‹ mit dem aktuell anmutenden Slogan

»Sicher ist sicher«. Nach der erwartungsgemäßen Wahlniederlage erwog der geschlagene Kanzlerkandidat Brandt ernsthaft seinen Rückzug aus der Politik.

Wolfgang Abendroth, Professor für Politologie in Marburg, formulierte für viele Intellektuelle in der Bundesrepublik die verzweifelte Frage: Welche Partei soll man noch wählen, wenn sich »seit den zweiten Bundestagswahlen 1953 in der Bundesrepublik das Verhalten der politischen Parteien stetig in Richtung auf die Preisgabe ihrer Alternativfunktionen bewegt hat«? Die Bildung der ›Großen Koalition‹ zwischen CDU und SPD 1966 war nur die Konsequenz dieser Entwicklung zu einer ›formierten Gesellschaft‹, die Ludwig Erhard anstrebte, eine moderne Industriegesellschaft, deren Widersprüche immer noch im Rahmen ›gemeinschaftlicher Interessen‹ gelöst, besser: deren Interessengegensätze überhaupt geleugnet werden sollten. Erhard war zudem der erste führende Politiker, der sich mit Gesetzesvorhaben seiner Regierung über das Fernsehen direkt an die Bevölkerung wandte, bevor er sie in den Bundestag einbrachte. Er war auch der erste Bundeskanzler, der kritische Intellektuelle als »Pinscher« bezeichnete. Streit, Konflikt, Auseinandersetzung, gar Kampf – das waren für die herrschenden Schichten der zweiten deutschen Republik Horrorvokabeln, die den ›sozialen Frieden‹ und das ›Wohlergehen der Bürger‹ störten. Das Recht auf freie Meinungsäußerung, das Recht auf Protest und öffentliche Demonstration, die Prinzipien der demokratischen Verfassung der Bundesrepublik waren formal garantiert, in der Wirklichkeit aber häufig geächtet. Ein korrekt sitzender Schlips und die Unversehrtheit eines Rasenstücks waren wichtiger als der Versuch, auf napalmverbrannte Kinder in Vietnam und Folteropfer in Algerien aufmerksam zu machen. Eine Art konservativer ›Populismus‹ beherrschte Westdeutschland, den Theodor W. Adorno als ›Massenkultur‹ bezeichnete: »Wollte man in einem Satz zusammendrängen, worauf eigentlich die Ideologie der Massenkultur hinausläuft, man müßte sie als Parodie des Satzes ›Werde, was du bist‹ darstellen: als überhöhende Verdoppelung und Rechtfertigung des ohnehin bestehenden Zustandes, unter Einziehung aller Transzendenz und Kritik. Indem der gesellschaftlich wirksame Geist sich darauf beschränkt, den Menschen nur noch einmal das vor Augen zu stellen, was ohnehin die Bedingung seiner Existenz ausmacht, aber dieses Dasein zugleich als seine eigene Norm proklamiert, werden sie im glaubenslosen Glauben an die pure Existenz befestigt.«[15]

Jürgen Habermas, Schüler Adornos, erkannte in dieser affirmativen Ideologie der Massenkultur zugleich einen »Strukturwandel der Öffentlichkeit«: »Adressat solcher Öffentlichkeit ist der Typus des politischen Konsumenten, dem Riesman den Namen des ›neuen Gleichgültigen‹ gegeben hat: ›Er ist kein unabhängiger Wähler mehr. Er erkennt keinen Zusammenhang mehr zwischen seinen politischen Meinungen und seiner politischen Funktion. Seine Meinungen dienen ihm daher als bargeldloses Zahlungsmittel in seiner Rolle als Mitglied einer Verbrauchergenossenschaft der politischen Tagesnachrichten.‹«[16]

Der Wähler ist unterdessen Objekt des ›politischen Marketing‹ geworden statt Subjekt einer kritischen Öffentlichkeit. Die Parteiagitatoren und Propagandisten alten Stils, so Habermas in seiner 1962 veröffentlichten Habilitationsschrift, »weichen parteipolitisch neutralen Werbefachleuten, die angestellt sind, um Politik unpolitisch zu verkaufen«.[17] Der politische Bereich werde sozialpsychologisch dem Konsumbereich integriert; selbst Parteiversammlungen »taugen nur mehr als Werbeveranstaltungen, an denen die Anwesenden, wenn es hoch kommt, als unbezahlte Statisten für die Fernsehübertragung mitwirken dürfen: Statt öffentlicher Meinung spielt sich in der manipulierten Öffentlichkeit eine akklamationsbereite Stimmung ein, ein Meinungsklima. Manipulativ ist vor allem die sozialpsychologische Kalkulation von Angeboten, die an unbewußte Neigungen adressiert sind: die Appelle müssen, je besser sie als Symbole der Identifikation wirken sollen, um so mehr ihren Zusammenhang mit politischen Programmsätzen oder gar Sachargumenten verlieren. Ihr Sinn erschöpft sich in der Auslösung jener Art Popularität, ›die in der Massengesellschaft heute die unmittelbare Beziehung des Individuums zur Politik ersetzt.‹«[18]

Während der frisch bestallte Soziologieprofessor Habermas sich solcherart mühte, den Prozeß der Entpolitisierung der Gesellschaft zu analysieren, saß das »desintegrierte Publikum der Staatsbürger«, das einerseits »für die Legitimation politischer Kompromisse beansprucht werden kann, ohne andererseits an effektiven Entscheidungen beteiligt zu sein«,[19] vor dem Fernsehgerät und schaute sich massenhaft (57 Prozent Sehbeteiligung) die Show ›Der goldene Schuß‹ an – nicht obwohl, sondern weil der Quizmaster Lou van Burg große Ähnlichkeit mit einem Edeka-Filialleiter hatte.

Die »normative Kraft des Faktischen«, der Wille, das, was man tat und tun mußte, schön und richtig, zumindest aber notwendig zu finden, hatte die Deutschen in ihrer großen Mehrheit wieder in Bann gezogen und beseelte den Alltag zwischen Arbeit und Freizeit. Wen hätten 1962 schon die ›Thesen zur Demokratisierung der Hochschule‹ interessieren sollen, die der ›Sozialistische Deutsche Studentenbund‹ (SDS) in seiner Denkschrift ›Hochschule in der Demokratie‹ zur Diskussion stellte – obwohl »gerade in der Universität wie sonst in kaum einem anderen Betrieb die tiefe Kluft deutlich wird zwischen dem Anspruch einer Demokratie, die Gesellschaft mündiger Bürger zu verwirklichen, und der gesellschaftlichen Wirklichkeit der autoritären Arbeitsverhältnisse und sachfremden Herrschaftsstrukturen«?[20] Wer von den hunderttausenden Urlaubern, die im Spätsommer 1962 vom ›Teutonengrill‹ bei Rimini und der spanischen Costa Brava ins blitzsaubere Deutschland zurückkehrten, hätte denn verstehen sollen, warum es »nicht für die gegenwärtigen gesellschaftlichen Verhältnisse spricht«, wenn »Grundsätze zur Demokratisierung der Hochschule einen fast utopischen Eindruck hinterlassen, sind sie doch selbst nur der Versuch der Konkretisierung eines Anspruchs auf Freiheit und Demokratie, den auch die gegenwärtige Gesellschaftsordnung in ihren Verfassungsnormen für sich als verbindlich ausgibt«?[21] Nicht einmal die Professoren wollten die präzise formulierten Gedanken verstehen, die in »allgemeine Organisationsprinzipien einer demokratischen Hochschulverfassung« mündeten, ein regelrechtes »gesetzvorbereitendes Gutachten«, wie in einer späteren Auflage der Herausgeber selbstkritisch vermerkt wird. Hier waren sie, die ›konstruktive Kritik‹ und die ›konstruktiven Vorschläge‹, die im Verlauf der Revolte später immer wieder von den Repräsentanten der akademischen und staatlichen Macht eingeklagt wurden. Die Demokratie sollte beim Wort genommen werden, die Verfassungswirklichkeit der Verfassungsnorm angenähert, aber so konstruktiv, positiv und authentisch wollten es die Ordinarien, Magnifizenzen und Präsidenten auch nicht haben. Noch konnten sie sich auf eine weitgehend ›unpolitische‹ Studentenschaft verlassen, noch gehörten die ›feelings‹ von Bommi Baumann und die ›Demokratisierungsthesen‹ des SDS zwei verschiedenen Welten an. In einer von den Frankfurter Soziologen Habermas und von Friedeburg herausgegebenen Studie mit dem Titel ›Student und Politik‹ wird als Ergebnis einer empirischen Untersuchung zum Ende der fünfziger Jahre bekannt, daß 66 Prozent der befragten Studenten ›apolitisch‹ sind, 16 Prozent ›autoritätsgebunden‹ und nur 9 Prozent einem ›definitiv demokratischen Potential‹ zuzurechnen sind.[22]

Die »normative Kraft des Faktischen« hatte ganze Arbeit geleistet und schlug selbst bis in die innersten Zirkel des SDS durch. Im Mai 1960 trennte sich eine der Mutterpartei SPD loyale Fraktion vom SDS ab und gründete einen eigenen Verein – den ›Sozialdemokratischen Hochschulbund‹.

Der SPD-Parteivorstand begrüßte freudig das positive Bekenntnis des ›SHB‹ zum Godesberger Programm der SPD, das auf einem außerordentlichen sozialdemokratischen Parteitag im November 1959 beschlossen worden war und die Umorientierung von einer sozialistischen Arbeiterpartei zu einer marktwirtschaftlich ausgerichteten ›Volkspartei‹ besiegelte. Wegen ›Linksabweichung‹ brach die SPD alsbald alle Beziehungen zum SDS ab, dessen Vorsitzender – wenige Jahre zuvor – auch einmal Helmut Schmidt gehießen hatte; er sollte seine sozialdemokratische Musterkarriere im Amt des Bundeskanzlers beenden. Am 8. November 1961 schließlich verbot die SPD mit einem ›Unvereinbarkeitsbeschluß‹ die Doppelmitgliedschaft in SDS und SPD.[23] Es bleibt ein kleiner Treppenwitz der Geschichte, daß der SHB, politisch bedeutungslos, in den siebziger und achtziger Jahren ein treuer Bündnispartner aller universitären und außeruniversitären Ableger der 1968 neu gegründeten ›Deutschen Kommunistischen Partei‹ (DKP) wurde.

Während der auf diese Weise parteiunabhängig gewordene SDS sich mit verschiedenen Arbeitsgruppen und Theorie-Zirkeln in die Analyse jener gesellschaftlichen Verhältnisse stürzte, deren Ist-Zustand von der überwältigenden Mehrheit schon als kategorischer Imperativ, als das Schöne, Gute und Wahre betrachtet wurde, kämpften amerikanische Kommilitonen bereits unmittelbar an der Grenze zwischen formaler und realer Freiheit einer demokratisch verfaßten Gesellschaft. Als der radikale Schwarzenführer Malcolm X auf dem Campus der kalifornischen Universität Berkeley Redeverbot erhielt und zugleich allen Studentengruppen ein generelles Versammlungsverbot auferlegt wurde, schlossen sich die Studenten zu einem ›Free Speech Movement‹ zusammen. Am 2. Oktober 1964 übertritt ein Student absichtlich das Rede- und Versammlungsverbot und wird prompt von der Campus-Polizei verhaftet. Beim Versuch, ihn abzutransportieren, kesseln dreitausend Studenten den Einsatzwagen ein und halten ihn über 36 Stunden lang fest. Sein Dach benutzen sie als Rednertribüne. Als Wochen später ein Disziplinarverfahren gegen vier Studenten eröffnet werden soll, besetzen sechstausend Kommilitonen – unter ihnen die Folksängerin Joan Baez – das Verwaltungsgebäude der Universität und taufen sie in ›Free University of California‹ um. Als daraufhin die Staatspolizei das Gebäude in einer Nacht-und-Nebel-Aktion räumen läßt und fast tausend Besetzer verhaftet werden, wird auf dem Campus der Generalstreik ausgerufen. Fünf Tage später werden alle studentischen Forderungen erfüllt und eine Generalamnestie erlassen.[24]

Die Studenten in Frankfurt, Berlin und Tübingen, in Heidelberg und Hamburg waren weit weg von solchen Konfrontationen, aber sie erfuhren von ihnen. Und die Stimmung, die ›feelings‹ und ›vibrations‹ verbreiteten sich über denselben Äther, der auch ›My Generation‹, ›Substitute‹, ›Like a Rolling Stone‹, ›Sergeant Pepper‹ und schließlich die ›Street Fightin' Men‹ über den Atlantik schickte. Selbst die GIs, die jetzt massenhaft nach Vietnam transportiert wurden, die »Jungs«, die den Vietcong »in die Steinzeit zurückbomben« (US-General Westmoreland) sollten, hatten Transistorradios dabei; in einer amerikanischen Zeitung hieß es später: »Vietnam was the first war that was fought against a background of rock & roll from a transistor radio.«[25]

In einer empirischen Studie des Allensbacher Instituts für Demoskopie wurden die grundsätzlichen Einstellungen der bundesdeutschen Studenten noch im Winter 1966/67 als »konformistisch, apolitisch, vergnügungs- und karriereorientiert«[26] gekennzeichnet. Zwanzig Jahre später konstatiert die Leiterin des Instituts, Elisabeth Noelle-Neumann, nach einer großangelegten Erhebung eine »verletzte Nation«: »Die deutsche Bevölkerung hat das Mißtrauen gegenüber jeglicher Form von Autorität verinnerlicht.«[27] In beiden Fällen irrte die empirische Sozialwissenschaft gegenüber der unwahrscheinlichen Wirklichkeit.

2

Worin die Vorläufer der Revolte, die kulturellen Aktionen der Subversion und die ersten Proteste gegen den Krieg der USA in Vietnam auf den Plan treten, Frank Zappas LP ›Freak Out‹ erscheint und Rudi Dutschke vor 2000 Berliner Demonstranten zur Bildung einer »Außerparlamentarischen Opposition« aufruft

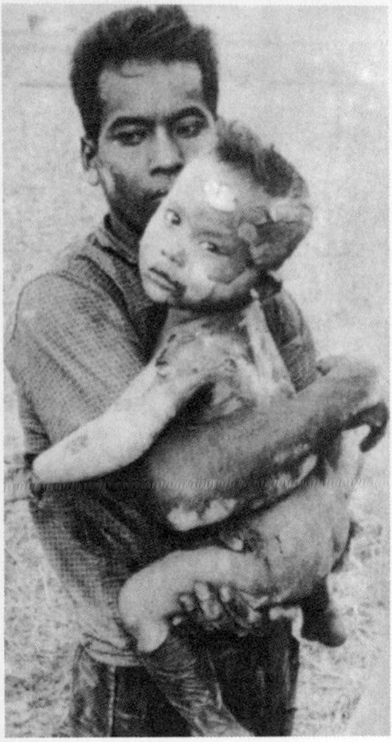

Mord durch Napalmbomben! Mord durch Giftgas! Mord durch Atombomben! Die US-Aggression in Vietnam verstößt nicht gegen die Interessen des demokratischen Systems: Wer es wagt, sich aufzulehnen gegen Ausbeutung und Unterdrückung, wird von den Herrschenden mit Brutalität niedergemacht« – so begann der Text von Plakaten, die eine Gruppe von SDS-Mitgliedern, unter ihnen Rudi Dutschke, in der Nacht vom 3. auf den 4. Februar 1966 an Häuserwände und Schaufenster in Berlin klebte. Nachdem nicht einmal sechzig Stück plakatiert waren, wurden vier Akteure der Nacht-und-Nebel-Aktion von der Polizei festgenommen. Tage später demonstrierten mehr als 2000 Menschen gegen die Bombardierung ›strategischer Ziele‹ in Vietnam, bei der die US-Luftwaffe mittels neu entwickelter chemischer Kampfstoffe vor allem Tausende von Zivilisten tötete. Die Demonstranten protestierten zugleich gegen die Verhaftung der ›subversiven‹ Plakatkleber. Nach der Abschlußkundgebung überrumpelten mehrere Hundert von ihnen die Polizei und liefen vom Kurfürstendamm zum Amerikahaus in der Nähe des Bahnhof Zoo. Dort kam es zur deutschen ›Sit-in‹-Premiere, der die heranstürmenden Polizeieinheiten allerdings ein rasches Ende bereiteten. Dennoch gelang es einigen Unerschrockenen noch, die US-Fahne auf halbmast zu setzen und ein paar Eier gegen die Fassade zu werfen. Am nächsten Tag tobte Springers ›BZ‹: »EINE SCHANDE FÜR UNSER BERLIN!«, und der Regierende Bürgermeister Willy Brandt entschuldigte sich beim US-Stadtkommandanten von Berlin.

Im Berliner SDS-Zentrum gab es zur gleichen Zeit harsche Kritik an der Plakat-Aktion der »Dutschke-Fraktion«, die »idealistisch« und »individualistisch« gewesen und einem »lächerlichen Illegalitätsbegriff« aufgesessen sei. Zudem könne der »putschistische« Charakter der Aktion den Konsens mit anderen Hochschulgruppen gefährden, schimpften die altgedienten Theoriekader des SDS, über die ein Mitstreiter später sagte: »Die organisatorische Schlagkraft bestand ja nur darin, daß da, wenn man so will, lauter verrückte Typen rumsaßen, die so besessen waren von etwas,

Der Polizeichef von Südvietnam
erschießt einen Vietcong-»Verdächtigen«

daß sie dafür sämtliche Freizeit opferten. Wenn man sich den Tagesablauf von einem ansieht, der damals darin war: Gegessen hat da niemand, gegenüber war irgendeine Bude – man hat Nahrung aufgenommen, weil man gerade mußte, und das war's. Nachts wurde gearbeitet bis elf Uhr oder zwölf Uhr. Von solchen Leuten gab es unheimlich viele.«[28]

Rudi Dutschke wollte es anders machen. Gerade ein Jahr zuvor war er mit einigen Freunden in den SDS Berlin eingetreten, und schon verlangte er den »Sprung in eine neue politische Qualität: in eine illegale Dimension«,[29] die eine ganz praktische Dialektik von Provokation und Öffentlichkeit entfalten sollte: »Aufklärung durch Aktion«.

Erste Aktionserfahrungen hatte Rudi Dutschke in der Berliner ›Mikrozelle‹ der ›Subversiven Aktion‹ gesammelt, die ihrerseits ein Ableger der ehemaligen deutschen Sektion der ›Situationistischen Internationale‹ war. In seinem Brief zum ›Münchner Konzil‹ der ›Subversiven Aktion‹ vom April 1965 schrieb Dutschke: »Genehmigte Demonstrationen müssen in die Illegalität überführt werden. Die Konfrontation mit der Staatsgewalt ist zu suchen und unbedingt erforderlich. Die Bedingungen dafür müssen günstig sein (verhaßtes Staatsoberhaupt usw.). Künstliche Radikalisierung, d.h. aus nichtigen Anlässen unbedingt etwas machen zu wollen, ist unter allen Umständen abzulehnen. Die Radikalisierung bei größeren Demonstrationen, die günstige Vorbedingungen liefern, sind kurzfristig, aber intensiv durch (bewußtseinsmäßig gestaffelte) verschiedene Flugblätter vorzubereiten, soll doch einigen an der Demonstration teilnehmenden potentiellen Mitarbeitern der ›Sprung‹ zu uns möglich gemacht werden.«[30]

Rudi Dutschke, der als »junger christlicher Sozialist« (Selbstbezeichnung) mit 21 Jahren durch den Bau der Berliner Mauer vom Wohnsitz seiner Familie in Luckenwalde (DDR) getrennt und gezwungen wurde, sich fest in Westberlin niederzulassen, war ein Revolutionär – ein »politischer Voluntarist«, wie sein Freund und Biograph Jürgen Miermeister hinzufügt, und: »Er war Optimist. Er wollte einer sein. Und so suchte und fand er Sätze, die ihn zur Praxis ermutigten. Marcuse etwa sprach von ganzen Schichten, die nicht integriert seien in die Eindimensionalität der Demokratie. Das waren Zauberworte für Dutschke, der als studentische Hilfskraft in der Bibliothek des Osteuropa-Instituts regelmäßig die ›Peking-Rundschau‹ mit revolutionären Erfolgsmeldungen des Großen Vorsitzenden Mao Tse-tung studiert und auch vom heroischen Kampf des Commandante Che Guevara gehört und gelesen hatte. Es gab also jenseits einer systemintegrierten Arbeiterklasse, auf die Marx noch als Subjekt der Großen Umwälzung gesetzt hätte, latent revolutionäre Minderheiten und in der Dritten Welt sogar Mehrheiten, ganze Völker nämlich, die schon angefangen hatten, für ihre Befreiung zu kämpfen.«[31]

Rudi Dutschke hatte die revolutionäre Säkularisierung des christlichen Erlösungsversprechens im Auge, als er Marx, Mao und Marcuse, Lukacs, Hegel und Adorno studierte. Am 20. März 1963 schrieb er in sein Tagebuch: »Den Ausspruch Jesu ›Mein Reich ist nicht von dieser Welt‹ kann ich nur immanent verstehen. Natürlich, die Welt, in der Jesus wirklich lebte und arbeitete, war noch nicht die neue Wirklichkeit. Diese galt und gilt es noch zu schaffen, eine hic et nunc-Aufgabe der Menschheit.«[32] Obwohl er wußte, daß

Rudi Dutschke (1968)

die Menschen in den reichen Ländern Westeuropas ihre Arbeitskraft »gut verkaufen«, dabei »verbürgerlichen« und ihre tradierten Normen »nur unter der Voraussetzung des Verbessern-Könnens« ihrer Lage zerstören würden,[33] glaubte er an die praktische Möglichkeit, Minderheiten zu aktivieren, die zum kollektiven Subjekt der Befreiung werden könnten. In seinem Brief an seine Münchner Mit-›Subversiven‹ – bundesweit zählte die Gruppe etwa ein Dutzend Mitglieder – formulierte er seinen Willen zur Tat in einem Pathos, das in charakteristischer Weise die Ambivalenz von der zugleich tiefen Ernsthaftigkeit und – heute – beinahe lächerlich wirkenden Absurdität des Versuchs ausdrückt, die Menschheit zu retten, das »falsche Ganze« zur wahren, befreiten Welt »umzuwälzen«: »Hier wird es nun ernst für die Revolutionäre, die sich innerhalb unserer winzigen, gesellschaftlich noch für eine ziemliche Zeit völlig irrelevanten Minorität als solche verstehen. Die totale Mobilisierung der ›Gesellschaft im Überfluß‹ gegen die immer möglicher werdende Befreiung des Individuums von Ökonomie, von

Politik, von Öffentlichkeit usw. kann von uns nur durch vollen Einsatz der Persönlichkeit für die Emanzipation der Menschheit beantwortet werden. Sollten wir im Laufe der nächsten zehn bis fünfzehn Jahre fähig sein, durch theoretische Weltanalyse und praktische Koordination der revolutionären Gruppen vorzeitige ›Revolutionsmacherei‹ zu verhindern, so wird uns der Entscheidungskampf in guten Ausgangspositionen finden.«[34]

Dieser Studierstuben-Revolutionär von 1965, der die Welt in den Zangengriff von Analyse und Aktion nehmen will, schwankt selbst immer wieder zwischen seinem (ihn selbst faszinierenden) Willen und der Wirklichkeit, die nicht zu ihm drängen will. Bei Adorno und Horkheimer hat er von jener verhängnisvollen Dialektik der Aufklärung erfahren, die, dem Mythos entwachsen, wieder »in ihn zurückschlägt«. In ihrem frühen Hauptwerk gleichen Namens zeigten die beiden Begründer der ›Frankfurter Schule‹, »wie die Unterwerfung alles Natürlichen unter das selbstherrliche Subjekt zuletzt gerade in der Herrschaft des blind Objektiven, Natürlichen gipfelt«,[35] wie die Vorstellung einer »bewußten Praxis« des (revolutionären) Subjekts angesichts der Herrschaft dieser allgegenwärtigen Objektivität immer fragwürdiger wird. Vielmehr seien die Individuen gar nicht mehr in der Lage, ihre eigene Lage klar zu erkennen; der »Verblendungszusammenhang«, die »Vergötzung des Daseienden«[36] halte sie in ihrem »falschen Bewußtsein« von der Gesellschaft und ihren wirklichen Strukturen fest. So könnten sie nicht einmal die Bedürfnisse zu ihrer eigenen Befreiung entwickeln – ein fataler Teufelskreis, der am Ende Theorie hilflos und Praxis unmöglich erscheinen ließ.

Damit aber wollte und konnte Rudi Dutschke – und hier war er einer von vielen – sich nicht abfinden: Gegen die radikalen Zweifel der ›kritischen Theorie‹ setzte er *sein* Bedürfnis nach Revolte, deren Perspektive er in der ›Revolution‹ erblickte. Er sah wie tausend andere nach Vietnam, wo ein Volk gegen einen brutalen, übermächtig scheinenden Feind, die USA, um seine Unabhängigkeit kämpfte, die zuvor schon Engländer und Franzosen als Kolonialmächte zu vereiteln versucht hatten. Er bewunderte den Kampf der lateinamerikanischen Guerilla gegen die Diktaturen, die der europäische und amerikanische Imperialismus stützte, und schaute hoffnungsvoll ins Herz der ›Bestie‹, in die Metropolen der Vereinigten Staaten, wo die Schwarzen um ihre Menschenrechte kämpften. Die Parole der Bundesregierung und aller ›anständigen Deutschen‹, in Vietnam werde die Freiheit der Bundesrepublik, in Saigon das Wohlergehen Berlins verteidigt, drehte er einfach um: In Vietnam wie in Westdeutschland, in Saigon wie in Westberlin gehe es um dieselbe weltweite Emanzipation, um die Alternative, die im Angesicht der tatsächlich ›völkermordenden‹, weil auf Vernichtung der Bevölkerung zielenden Bombardements der amerikanischen Militärmacht pathetisch *und* plausibel klang: »Sozialismus oder Barbarei« (über Jahre hinweg trug eine von französischen Linksintellektuellen – dem Psychoanalytiker Claude Lefort und dem Philosophen Cornelius Castoriadis – herausgegebene Zeitschrift diesen Namen): Es kam auf den Versuch an, auf die Praxis der »permanenten Aufklärungs- und Enthüllungsanalyse«,[37] denn nur »die Feigen reden sich aus allem heraus, die Lügner bleiben allgemein. Dabei sind sie wortreich, verstecken sich in weiten oder spinösen Gewändern und suchen immer woanders zu sein als dort, wo man sie ertappt. Aber das Wahre kann nicht bestimmt genug werden, auch dann und gerade dann, wenn die Sache vor dem Blick noch dämmert.«[38]

Wie sehr ›direkte Aktionen‹ neue Wirklichkeiten schaffen konnten, die den dämmernden Blick erhellten und Aufklärung zumindest mit der Selbstaufklärung der Akteure verbanden, hatten schon die Proteste gegen den kongolesischen Ministerpräsidenten Moise Tschombé bewiesen, der im Dezember 1964 die Bundesrepublik besuchte. Damals verschwiegen auch liberale und konservative Zeitungen nicht, daß Tschombé Oppositionelle mit Gewalt zum Schweigen brachte und allem Anschein nach hinter der Ermordung seines linksorientierten Amtsvorgängers Lumumba steckte. Schon in München hatten deutsche und afrikanische Studenten mit Rauch- und Stinkbomben auf eine Audienz

Tschombés bei Kardinal Döpfner reagiert. In Berlin machten die Ordnungskräfte zum ersten Mal die Erfahrung, daß Demonstranten flexibler handeln können, als die Polizei erlaubt. Rudi Dutschke, mit seiner subversiven ›Anschlag-Gruppe‹ mitten im Getümmel, notierte am 17. Dezember 1964 in sein Tagebuch: »Am Tag der Ankunft des Mörders und imperialistischen Lakaien Tschombé in West-Berlin war uns von der Polizei nach langen Verhandlungen genehmigt worden, das Rondell am Tempelhofer Flughafen für die Manifestation unseres Protestes zu benutzen. Als wir uns am frühen Morgen dort versammelten und mit antiimperialistischen Parolen das Rondell mehrmals umkreisten, stellte sich nach einiger Zeit heraus, daß die Polizei und der Senat es vorgezogen hatten, ihren Gast vor der Peinlichkeit der historischen Wahrheit zu schützen. Wir mußten schleunigst umschalten. Das Ziel war klar: Tschombé konnte, wenn überhaupt, unseren Protest, unsere Verachtung, unseren moralischen Haß allein im Schöneberger Rathaus wahrnehmen. Es begann die ›illegale Demonstration‹. Der Protestmarsch war so spontan entstanden, daß alle Versuche der Polizei, uns aufzuhalten, an diesem Tag zunichte gemacht werden konnten. Für die Herrschenden war dieser ganze Vorgang neuartig und überraschend.«[39]

Und für die Aktionisten war der ›Vorgang‹ in doppelter Hinsicht erhellend: zum einen brachte er ihnen die langersehnte Aufmerksamkeit und Öffentlichkeit, wenn auch überwiegend negativ (was zu erwarten, ja, vorauszusetzen war); zum anderen entdeckten sie selbst neue Möglichkeiten, die ihre Strategie zugleich bestätigten und konkretisierten. Man hätte das »Rathaus besetzen« sollen, um die »gesellschaftlichen Charaktermasken anzugreifen«, aber »die Militanten in und um den SDS haben in diesem Augenblick die letzten Konsequenzen aus den eingeleiteten und entstandenen Möglichkeiten nicht genutzt«,[40] trauerte Dutschke abschließend einer verpaßten Chance nach. Dennoch wird schon in dieser ›vorrevolutionären‹ Phase der Rebellion deutlich, wie kongenial die Staatsgewalt auf die ungewohnte Unbotmäßigkeit kleiner Minderheiten reagiert. Jede Provokation wird angenommen, jede Parole gegen öffentliche Personen und Zustände wie eine persönliche Beleidigung aufgefaßt. So konnte die Konsequenz jeder Abweichung von der Konvention, jeden ›ungehörigen‹ Benehmens (gegenüber Staatsoberhäuptern, Universitätsrektoren und Vertretern der Amtskirche) überhaupt nur ›der Kommunismus‹ in der DDR oder der ›Soffjettunjon‹ (Konrad Adenauer) sein, die zugleich als Straflager für ›die Roten‹ auserkoren waren: »Geht doch nach drüben!« scholl es viele Jahre all jenen Rebellen entgegen, die in ihrer großen Mehrzahl schnurstracks von ›drüben‹ wieder nach hüben expediert worden wären – wegen ›antisozialistischer Umtriebe‹. Gleichwohl gefiel den Aufrührern der ersten Stunde das Prädikat der ›kommunistischen Krawallmacher‹, denn sie fühlten sich damit als potentielle Revolutionäre angesprochen, und das tat der Selbstaufklärung so gut wie dem Selbstbewußtsein.

Welche (Selbst-) Mißverständnisse sich in dieser Dynamik von Revolte und Repression entwickeln würden, konnten Dieter Kunzelmann und Frank Böckelmann, Münchner Partisanen der ›Subversiven Aktion‹, noch nicht ahnen, als sie am 5. Mai 1964 bei der Jahrestagung des ›Bundes Deutscher Werbeleiter‹ in der Stuttgarter Liederhalle ihren kunstfertigen Angriff auf ein Kernstück des ›Verblendungszusammenhangs‹ und der ›Manipulation‹ richteten: lautstark spielten sie Teile der Matthäus-Passion Johann Sebastian Bachs und den Schlager ›Surfing Bird‹ vom Band ab und warfen Flugblätter mit einem ›Aufruf an die Seelenmassage‹ von der Empore des Saales. Zwar wurden sie umgehend verhaftet, später aber vor Gericht mit der Begründung freigesprochen, Werbeleiter würden »ja auch ihrerseits die Opfer ihrer Werbung nicht mit Samthandschuhen anfassen«.[41] Ein weiteres Zentrum des ›falschen Bewußtseins‹ trafen die ›Subversiven‹ im September desselben Jahres am selben Ort: anläßlich des 80. Deutschen Katholikentages klebten sie das Plakat ›Botschaft an die Lämmer des Herrn‹ an die Tore aller katholischen Kirchen in Stuttgart. Vier der Attentäter auf den himmlischen Frieden wurden wegen des Verdachts der ›Gotteslästerung‹ festgenommen.

Die Ergebnisse solcher ›Aufklärung durch Aktion‹ ließen sich noch nicht exakt abschätzen, doch die Anfangserfolge ermunterten zum Weitermachen. Allerdings hatten die subversiven Mitstreiter des ›frühen Dutschke‹ längst harte Konkurrenz erhalten: »Sie küßten und sie schlugen sich. Sie rissen sich die Kleider vom Leib und wickelten sich in Packpapier. Sie bemalten einander mit Ölfarbe und warfen tote Fische ins Publikum. Sie nahmen fünf Mark Eintritt.«[42] Es waren Amerikaner in Paris, die an einem »Workshop de la libre Expression« teilnahmen, »Kinder jener verlorenen Generation der Gertrude Stein, der Henry Miller und Ernest Hemingway: Beatniks, Stipendiaten, Gestrandete. Sie verschwanden aus Brooklyn und Greenwich Village, sie tauchten auf in Saint Germain des Près und Montparnasse: eine wiedergefundene Generation.«[43] Das Zeitalter des ›Happenings‹ war angebrochen. Wenn es nicht gerade auf einem Kirchentag oder im Amerikahaus stattfand, konnte es auch der Zentralheizungsraum eines Theaters sein, der kunstvoll unter Wasser gesetzt wurde, um eine ironische Allegorie auf die Technik zu repräsentieren. Fortan stand die Frage im Raum, wieviele Sterne von der amerikanischen Fahne weggelassen werden müssen, um ein Kunstwerk daraus zu machen. Die Pop-Avantgarde marschierte, tauchte, siebdruckte, bewarf und bemalte, und dennoch meldeten sich damals schon Zeitgenossen zu Wort, denen vieles nach »abgestandenem Dada schmeckte«,[44] denen nur noch ein »kollektives Harakiri der Pop-Avantgarde als Über-Kunstwerk« etwas Neues hätte bieten können: »Auf diesen letzten Gag warteten allerdings die Zuschauer im Pariser Workshop vergebens. Zerrissen wurden zwar Papierrollen, Bikinis, Fische, Präservative, Hühner, Kartons und Stühle – jedoch nicht die Autoren. Solange es noch ungefährlich ist, sollte man sich das Rezept merken. Zum Selbermachen im Garten.«[45]

Die Pop-Avantgarde war so wenig wie die Rebellion der ›Subversiven‹ innerhalb und außerhalb des ›Sozialistischen Deutschen Studentenbundes‹ ein historisches Unikum; weder kulturell noch politisch konnten sie ein Erstgeburtsrecht in Anspruch nehmen. Die zwanziger Jahre, auch die zweite Hälfte des 19. Jahrhunderts hatten schon zuviel Vorarbeit an Vernunftkritik und Sinnzerstörung, an ›gottloser‹ Revolte und nihilistischem Existentialismus geleistet, um zerrissene Präservative und mittelmäßige Gotteslästerungen noch als revolutionäre Novitäten der Zeitgeschichte gelten lassen zu können. Dennoch waren die polit-kulturellen Happenings als Aufstand der Sinne gegen den obwaltenden Unsinn, den Wahnsinn und die Irrationalität der herrschenden Gesellschaft ein weitgehend originäres, wenn auch nicht immer originelles Ausdrucksmittel, weil sie auf die Vergeßlichkeit der Gesellschaft bauen und damit zugleich ihre Ungeschichtlichkeit, ihr mangelndes – kritisches – Geschichtsbewußtsein angreifen konnten. Nicht zufällig war ein Hauptmotiv nahezu aller Rebellierenden die sanfte, im Falle des Erinnertwerdens knochenharte Verdrängung der Nazi-Epoche der jüngsten deutschen Geschichte durch die Elterngeneration. Die Dramen wie die ›Clownerien‹ der Revolte, die militanten Straßenschlachten, bitterernst-tödlichen Konfrontationen und die provokativen Happenings hatten ihren Ursprung häufig in jenem Konglomerat aus Lügen, Halbwahrheiten, Verdrängungen und Selbstzufriedenheit, aus dem die Mehrheit der Väter und Mütter die Ideologie ihrer sozialen ›Gemeinschaft‹ zusammenzimmerte. Gegenüber der Pop-Avantgarde aber war die politische Subversion dort im Angriffsvorteil, wo sie nicht nur den Rahmen der klassischen Kunst und des guten Geschmacks sprengte, sondern die ›Verkehrsformen‹ und Strukturen der bürgerlichen Gesellschaft selber aufs Korn nahm, ›entlarvte‹, ›zersetzte‹ und zugleich Utopien einer befreiten Gesellschaft zu formulieren versuchte.

Ein lange Zeit wirksames Bindeglied zwischen Pop-Avantgarde und politischer Subversion war die Rockmusik. Als Frank Zappa im Sommer 1966 seine LP »Freak Out« produzierte, traf er nicht nur musikalisch auf ein weltweites Bedürfnis nach Ausbruch aus den herrschenden Zuständen. Während er von den US-Radiostationen systematisch boykottiert wurde, legten Hunderttausende von »freaks« in

Amerika, England und ganz Europa immer wieder seine LP auf den Plattenteller. Was sie dabei empfanden, konnte man einige Zeit später auf den Straßen besichtigen.

Im Juni 1966 treffen sich am Kochelsee in Oberbayern neun Männer, fünf Frauen und zwei Kinder: die ›Viva-Maria-Gruppe‹, benannt nach dem anarchistisch inspirierten Spielfilm des französischen Regisseurs Louis Malle, in dem zwei Frauen aus einer durch ein mittelamerikanisches Land ziehenden Spieltruppe – hinreißend dargestellt von Jeanne Moreau und Brigitte Bardot – mit Geistesgegenwart, Witz, Mut und viel Sprengstoff die Revolution der ausgebeuteten Landarbeiter anführen, ein Kultfilm der ›68er‹, zwischen Pathos und Parodie wechselnd, bei dessen wiederholter Betrachtung spätabends selbst Rudi Dutschke bis zum Ende wach blieb, obwohl ihm sonst häufig im Kino die Augen zufielen, wie Eingeweihte zu berichten wissen. Zusammen mit Fritz Teufel, Rainer Langhans, Jan-Carl Raspe, Dieter Kunzelmann und seinem engen Freund Bernd Rabehl war auch Rudi Dutschke in die Villa des Textilfabrikanten Menne am Kochelsee gekommen, dessen Sohn Lothar, SDS-Mitglied in

München, eine ›sturmfreie Bude‹ bieten konnte: für eine Woche »permanenter Diskussion« über die »Bedingungen und Möglichkeiten revolutionärer Praxis in Westeuropa« unter besonderer Berücksichtigung kollektiver Wohnprojekte. Vor allem der Widerspruch zwischen politisch-revolutionärem Anspruch und bürgerlichen Verhaltens- und Existenzweisen sollte »bearbeitet und gelöst« werden.

Die heterogene Zusammensetzung der Gruppe sorgte sogleich für ein praktisches Beispiel. »Dutschke geriet sofort ins Kreuzfeuer: Er war etliche Tage zu spät gekommen, weil seine Eltern ihn besucht hatten. Vor allem die Münchener attackierten das als ›psychische Abhängigkeit‹ von bürgerlichen Autoritäten. Dutschke stand den Raffinessen, Ironismen und Sarkasmen solcher Psycho-Debatten ziemlich hilflos gegenüber. Er hatte tatsächlich großes Vertrauen zu den Menschen (bis hin zur Naivität), er war tatsächlich selten ironisch (aber meist fröhlich). In der mondänen Villa am Kochelsee jedenfalls war Dutschke auf fremdem Terrain, war der Aktivist in der Defensive, war er ertappt, im eigenen Jargon: entlarvt. Und so stieg er mit halbem Herzen in die Pläne ein, in revolutionären Kommunen alles zu teilen: die Frau oder Freundin, das Zimmer, alle Sicherheiten aufzugeben: das Studium, das Stipendium, die Doktorarbeit, jede Form von Karriere. ›Totale Entwurzelung‹ hieß das Zauberwort, mit dem am exponiertesten Dieter Kunzelmann alle beschwor, ihre bourgeoisen Reste zu zerstören. Natürlich hatten alle Versammelten Marcuses Überlegungen zu repressiver Sexualität, zum neuen, befreiten Menschen gelesen; natürlich kannte man entsprechende Passagen bei Wilhelm Reich auswendig; natürlich waren allen die Experimente mit kommunalem Leben nach der russischen Revolution bekannt, und natürlich waren die US-amerikanischen Kommuneprojekte aus jüngster Zeit ebenfalls Vorbild – und Ansporn. Also stimmte auch Dutschke dem Plan zu, in Berlin eine Kommune zu gründen und nicht nur die Gesellschaft, sondern auch sich selbst radikal zu verändern.«[46]

Doch Rudi Dutschke zog nicht in die ›Kommune 1‹ ein, die ein halbes Jahr später tatsächlich gegründet wurde. Er war von Anfang an »ein Fremdkörper«: »Er hatte eine ganz andere Einstellung zur Familie, daran sind letztlich die ganzen Kommune-Pläne mit ihm gescheitert.«[47]

In einem SPIEGEL-Interview vom 10. Juli 1967 präzisiert er sein Unbehagen an der Kommune-Kultur. Auf die Frage, ob eine der Formen des neuen Zusammenlebens auch die studentische »Horror-Kommune« sei, die »häufig wechselnden Geschlechtsverkehr institutionalisiert hat und Schmäh-Flugblätter verbreitet, in denen etwa Professoren ›alte, autoritäre Scheißer‹ genannt werden«, antwortet Dutschke in seiner charakteristischen, unnachahmlichen Art und Weise: »Das ist nicht das, was ich mir unter Kommune vorstelle. Der Austausch von Frauen und Männern ist nichts anderes als die Anwendung des bürgerlichen Tauschprinzips unter pseudorevolutionärem Vorzeichen.« SPIEGEL: »Ist die Horror-Kommune nicht einfach ein Klub von hochgradigen Neurotikern?« Dutschke: »Das ist sie auch, aber daran ist nicht die Kommune schuld, sondern die Gesellschaft, die es zu solchen menschlichen Verkrüppelungen hat kommen lassen. Das Bild der nackten Kommune-Mitglieder, das der ›Spiegel‹ veröffentlicht hat – allerdings mit wegretuschierten Genitalien, was etwas über den ›Spiegel‹ sagt –, scheint mir ein adäquater Ausdruck der jetzigen Situation dieser Kommune zu sein. Das Bild reproduziert das Gaskammer-Milieu des Dritten Reiches; denn hinter diesem Exhibitionismus verbirgt sich Hilflosigkeit, Angst und Schrekken. Die Kommune-Mitglieder begreifen sich als Unterdrückte und Ausgestoßene dieser Gesellschaft.« SPIEGEL: »Da Sie als geistiger Urvater der Kommune-Idee in Berlin gelten – wie stellen Sie sich die ideale Kommune vor?« Dutschke: »Ich ziehe die Bezeichnung Institut dem Namen Kommune vor. Ich will damit ausdrücken, daß neue Formen

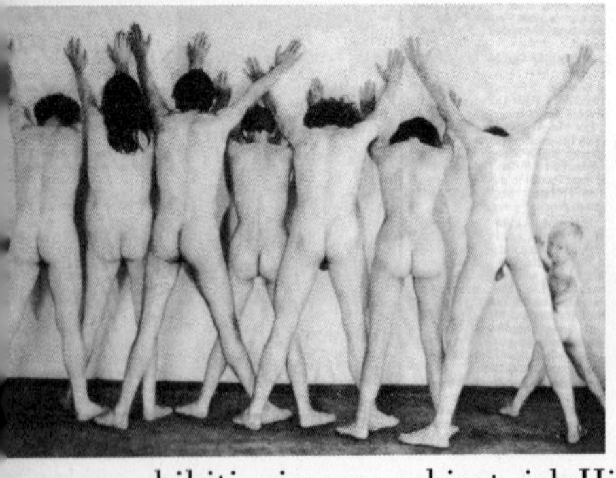

menschlichen Zusammenlebens Experimentalcharakter haben, sorgfältigster persönlicher Ausbildung und politischer Arbeit nach außen bedürfen. Das Institut müßte jedem einzelnen Individuum, das dazu gehört, eine volle Entfaltung seiner geistigen, künstlerischen, körperlichen und politischen Möglichkeiten und Fähigkeiten bieten.« SPIEGEL: »Soll heißen?« Dutschke: »Zum Beispiel: Wenn einer von uns malt, diskutieren wir über Rolle und Funktion der Kunst im Prozeß der Veränderung des Menschen. Oder: Wenn einer von uns auf den Gedanken käme, zur ›Verbreiterung‹ der Erfahrung LSD zu schlucken, würden wir auf der Grundlage der neuesten Erkenntnisse der Psychoanalyse und der Medizin erörtern, welche Rolle Drogen und Rauschgifte für die Integration politischer Opposition heute spielen. Und das hieße – nebenbei – in der praktischen Konsequenz, daß wir bestimmt kein LSD schlucken.«

Schwer zu entscheiden, welche Radikalität zu absurderen Konsequenzen führt – die der »totalen Entwurzelung« mit ihrem Zwang zur libidinösen Selbstoffenbarung oder jene der ständigen Reflexion und Vermittlung zwischen »sex & drugs & rock'n roll« und den neuesten Erkenntnissen der Psychoanalyse, zwischen dilettierenden Pinselstrichen und der Ästhetischen Theorie. Eines hatte Rudi Dutschke, »der seine drei Bände Marx unterm Arm hatte«, in denen »jede Zeile mit einem fünffarbigen Kugelschreiber unterstrichen«[48] war, den Kommunarden jedenfalls voraus: Sein Blick ging stets auf das Ganze, er versuchte, den Überblick zu behalten, ohne die konkrete Praxis jemals aus dem Auge zu verlieren. Das war seine »Totalität«,[49] die auch der Arbeitersohn und ›2. Juni‹-Guerillero Bommi Baumann auf seine Weise anerkannte: »Er war ein abgefahrener Typ, auf seinem Level echt ein higher Typ gewesen. Darum war er auch irgendwo der wichtigste Mann, den wir hatten, weil er war ja wirklich voll drauf. Seine Reden waren immer so abstrakt, die hat ja kein Mensch verstanden, also ich nicht, aber wenn du so mit ihm gesprochen hast, da war er irrsinnig dufte, ein ganz normaler Mensch. Aber er hat eben die Power, das ist kein Bücherwurm oder Sprücheklopfer, hast du sofort gemerkt, der ist in Ordnung, der geht genauso wie du durchs Feuer.«[50]

Kommune-1-Mitglied Ulrich Enzensberger wunderte sich: »Er hat nicht auf Theorie verzichtet. Wir aber wollten von dem ganzen Zeug nichts mehr wissen. Das Verblüffende war, daß er trotzdem in der Lage war, zum Sprecher der Bewegung zu werden.«[51] Und sein Münchner Genosse aus der ›Subversiven Aktion‹, Frank Böckelmann, charakterisiert ihn viele Jahre nach dem Treffen am Kochelsee mit einem Wort, das damals keiner hätte durchgehen lassen – als »Führungspersönlichkeit«: »Von Dutschke ging eine Atmosphäre der Fremdheit aus, die zugleich begeisternd war. Er hatte wenig im Sinn mit unserer Art von Zynismus und unserer Gewohnheit, alles mehr oder weniger spielerisch anzugehen. Von ihm ging etwas Strenges, Düsteres und gleichzeitig Entschlossenes aus. Er war auch umgeben von so einer Ahnung von Reinheit, man möchte fast sagen: Keuschheit. Wenn er sprach, machte er es nicht unter zehn Minuten. Er sprach unter vier Augen genauso wie in Veranstaltungen vor fünfzig Leuten. Da war einer, für den alles schon klar war. Er kam uns irgendwie unschuldig vor, und gleichzeitig war er stark. Das fasziniert. Das ist das Material, aus dem Führerpersönlichkeiten geschmiedet werden.«[52]

Die Eloge des ›Situationisten‹, der die ›Entfremdung‹ eher im Glück des hic et nunc aufheben wollte, auf den ›voluntaristischen Marxisten‹, der das Endziel der globalen Befreiung im Blick hatte, zeichnet noch einmal die ganze Ambivalenz der beginnenden Revolte nach, die für ihre Tiefe und Stärke ebenso verantwortlich war wie für ihre Schwäche und den schließlichen Verfall in zahllose Strömungen, Fraktionen, Sekten und Individuen. Und sie veranschaulicht, daß Rudi Dutschke ein ›deutscher Revolutionär‹ war – so wie die ›antiautoritäre Bewegung‹ deutsch war: im Kampf gegen Autoritäten wie bei den Schwierigkeiten, mit den eigenen Autoritäten umzugehen. Es gab autoritätsfixierte ›Antiautoritäre‹, deren negative Autoritätsbindung sich in der ständigen Klage über die eigene Ohnmacht gegenüber den ›Führungspersönlichkeiten‹ erwies; und es gab die ›anti-

Rudi Dutschke mit Tochter Polly und Ernst Bloch

autoritären Autoritäten‹, die dieses Publikum brauchten, weil es dazu beitrug, der eigenen Ohnmacht den Glanz wenigstens vorübergehender Macht zu verleihen.

Rudi Dutschke hatte ein ausgeglicheneres Verhältnis zu eigener *und* fremder Autorität (Macht). Selbst gegenüber ›Autoritäten‹ wie Ernst Bloch, Herbert Marcuse und Helmut Gollwitzer trat er nicht unterwürfig oder als Musterschüler auf, wohl aber als Lernender, der da und dort selbst seinen Lehrern Lehren vermitteln konnte. Tiefster Grund und Fluchtpunkt seines Selbstbewußtseins war die Idee von der Möglichkeit der Befreiung. Ihr ordnete er alles unter. Auch die Frauen. Gretchen Dutschke:

»Rudi lernte ich 1964 an einem milden Sommerabend kennen. Am Steinplatz in Berlin aßen und tranken wir zufällig nebeneinander Eis und Kakao. Er war damals dabei, Polnisch zu lernen, weil er vorhatte, für seine Doktorarbeit polnische Theoretiker im Original zu lesen. Da er eine Masse polnischer Bücher dabeihatte und weil er ein für mich ungewohntes Deutsch sprach, glaubte ich, er sei Pole. Den Fehler haben damals allerdings auch noch viele andere gemacht.«[53]

Gretchen, Hosea Che und Rudi Dutschke, 1968

Das Mißverständnis war schnell ausgeräumt, doch »Rudi beschloß damals in Übereinstimmung mit dem revolutionären Verhaltenskodex, daß er mit Frauen nichts zu tun haben dürfe, und da ich wild in ihn verliebt war, mußte er zu drastischen Mitteln greifen. Er sagte mir, er sei mit der Revolution verheiratet und wünsche, daß ich weggehe. Ich hatte keine andere Wahl und bin nach Amerika zurückgegangen. Ich konnte Rudi nicht vergessen und hoffte immer noch, daß er seine Meinung ändern würde, was mich betraf. Ich schrieb ihm das und wartete ziemlich verzweifelt auf eine Antwort. Nach acht Monaten kam sie schließlich. Er schrieb, ich dürfe zurückkommen. Ich war überglücklich. Ich glaube, ich war keine zwei Wochen darauf schon auf dem Rückweg nach West-Berlin.«[54]

Im Sommer 1966, zur Zeit der Vorbereitungen für die Gründung der Kommune 1, heirateten die beiden, obwohl »Dieter Kunzelmann alles tat, um unser Verhältnis zu zerschlagen. Die Hochzeit war eine große Angelegenheit, bei der sich alle ›revolutionären‹ Kräfte West-Berlins trafen. Die Hochzeitsgäste kamen aus aller Herren Länder, und Thomas Ehleiter mußte seine Hochzeitsrede in fünf oder sechs Sprachen halten. Unser Fest fiel in die große Begeisterung für ›Viva Maria‹, und das wurde zu einer Art Motto für unsere Hochzeit.«[55]

Während ›Situationisten‹, ›Subversive‹ und angehende Revolutionäre mit dem Ruf »Viva Maria!« schon auf dem Wege zum »befreiten Menschen« waren, hatte der Kampf um das bürgerliche Recht der Redefreiheit an der ›Freien Universität‹ Berlin und anderen Hochschulen in der Bundesrepublik gerade erst angefangen. »Mit dem ›Fall Kuby‹ begann jene Serie von Auseinandersetzungen, die ohne die unduldsame und oftmals hartnäckige Haltung des Rektorats und der akademischen Verwaltung die Studenten gewiß nicht in dem Maße radikalisiert hätte, wie es später deutlich wurde. Der Publizist Erich Kuby war vom AStA eingeladen worden, aus Anlaß des 20. Jahrestages der Kapitulation des Dritten Reiches an einer Podiumsdiskussion im Auditorium Maximum der Freien Universität teilzunehmen. Rektor Lüers wollte den Raum jedoch nur zur Verfügung stellen, wenn Kuby an der Diskussion nicht teilnähme. Kuby hatte in einem Vortrag am 12. Juni 1958 in der FU ausgeführt, daß der Name der FU ›ein äußerstes Maß der Unfreiheit zum Ausdruck bringt. Nur jene polemische Grundsituation vermag zu verbergen, daß in dem Wort ›Freie Universität‹ eine innere antithetische Bindung an die andere, an die unfreie Universität jenseits des Brandenburger Tores fixiert ist.‹«[56]

In dieser etwas umständlich formulierten Kritik an der ideologisch inspirierten Namensgebung der Berliner Universität im ›freien Westen‹ hatte ein früherer Rektor eine Diffamierung erblickt und Kuby ein unbefristetes Redeverbot erteilt, das noch sechs Jahre später Gültigkeit haben sollte. Trotz scharfer Proteste vom Allgemeinem Studentenausschuß (AStA) und Studenten aller Fakultäten gegen die »Zensur per Hausrecht« hielt Rektor Lüers das Verbot aufrecht. Am Nachmittag des 7. Mai 1965, des Tages der geplanten Podiumsdiskussion mit Professor von Friedeburg, dem rechtsorientierten Journalisten Krämer-Badoni und Erich Kuby, versammelten sich einige Hundert Studenten im Hauptgebäude der FU, dem ›Henry-Ford-Bau‹, und verabschiedeten eine Protestresolution an den Rektor, in der es heißt: »Was ist unsere Satzung wert? Als akademische Bürger innerhalb dieser Gemeinschaft ist die Studentenschaft und damit ihre gewählte Repräsentation (die Studentenvertretung) selbstverantwortlich. Das aber heißt, daß diese Studentenvertretung frei darüber entscheidet, wie sie ihrem satzungsgemäßen Auftrag, zur umfassenden, also auch politischen Bildung beizutragen, gerecht wird. Das meinen wir, wenn wir fordern, zu jeder Zeit jedermann über jedes Thema in unserer Universität zu hören und mit ihm zu diskutieren.«[57] Diese Formulierung hatten die Berliner Studenten aus dem Amerikanischen übersetzt – sie stammte von ihren rebellierenden Kommilitonen in Berkeley/Kalifornien.

Die Veranstaltung mußte schließlich in das Studentenhaus der ›Technischen Universität‹ (TU) verlegt werden, wo sie ohne Zwischenfälle verlief, doch die Empörung unter den Studenten wuchs noch. Eine Woche später hatten bereits dreitausend von ihnen die Forderung an den Rektor unterschrieben, denn: »Worin besteht die Gemeinschaft der Lehrenden und Lernenden, wenn das Hausrecht gegen die Studentenschaft und ihr Recht auf freie Information und Kritik gekehrt wird? Was sind uns politische Überzeugungen wert, wenn wir sie nicht dort, wo wir sie in der Auseinandersetzung mit der Wissenschaft fertigen, auch in Frage stellen dürfen?«[58]

Die verschiedenen politischen Studentengruppen verteilten Flugblätter, nicht-organisierte Kommilitonen bildeten ›picket-lines‹, ›wandernde Plakatreihen‹, vor dem Hauptgebäude der Freien Universität, der Konvent unterstützte nach ergebnislos verlaufenen Verhandlungen zwischen AStA und Rektorat die Forderung nach Freiheit und Unabhängigkeit der Studentenschaft. Am 18. Mai kam es schließlich zu einem fast vollständig befolgten Vorlesungsstreik im ›Otto-Suhr-Institut‹ der Politologen. Inzwischen hatten sich auch vereinzelt Professoren in wohlabgewogenen Worten der Kritik angeschlossen. Zu Beginn seiner Vorlesung erklärte etwa der Philosophieprofessor Weischedel: »Der Wille zur Freiheit bewährt sich vor allem darin, daß ich dem andern den Spielraum für seine eigene Freiheit einräume. Die Freie Universität müßte daher die Größe haben, eine Kritik, in der die Faktizität ihrer Freiheit in Zweifel gezogen wird, zu ertragen.«[59] Vier Tage später kam per Post die Rüge vom Prorektor, der die öffentlichen Worte des Philosophieprofessors für eine Mißachtung des »Grundrechts auf rechtliches Gehör« hielt: Weischedel hätte als »ein Mitglied der Korporation« den Rektor vorher unter vier Augen »anhören« müssen und hätte bei dieser intimen Aussprache

»vielleicht eingesehen, daß es längst nicht mehr um den Fall Kuby geht und am allerwenigsten um das Grundrecht der freien Meinungsäußerung«.[60] Nach Überzeugung des Rektors, der die Forderung der Studenten als »völlig irreal« bezeichnete, ging es um eine reine Frage der Macht. Er lehnte jeden Versuch ab, ihn mit »pseudogewerkschaftlichen Mitteln« zu einem Verzicht auf seine satzungsmäßigen Rechte zu zwingen. Er allein sei für Recht und Ordnung zuständig, das belege auch ein Rechtsgutachten aus dem Jahr 1960.

Der AStA, der sich bis dato eher als »diplomatische« Vertretung der Studenten in der »Gemeinschaft von Lehrenden und Lernenden« verstanden und verhalten hatte und Redemanuskripte für Festakte der Universität zuvor dem Rektor vorlegen mußte, wurde plötzlich von der Studentenschaft politisch überholt und dadurch gezwungen, sich mit den offenkundig gewordenen Machtverhältnissen der akademischen Gemeinschaft anders als nur auf dem Verhandlungswege, das heißt offensiver auseinanderzusetzen.

»Trotz dieser aufgebrochenen Gegensätze versuchte die akademische Seite in der kurz darauf stattfindenden Immatrikulationsfeier die Fiktion der beschworenen Gemeinschaft in einem Festakt aufrechtzuerhalten. Als jedoch der AStA-Vorsitzende in seiner Rede die Grenzen des ›Berliner Modells‹ (einer Universitätsverfassung) aufzeigte und kritisch zu den Vorfällen Stellung nahm, wurde er von drei professoralen Senatsmitgliedern und dem Rektor am Weiterreden gehindert. Die Studentenvertreter verließen unter Protest das Auditorium Maximum, und der AStA erklärte in einer Pressemitteilung: ›Dieser Vorfall ist in der Geschichte der FU einmalig. Der AStA stellt mit Bestürzung fest, daß nach dem Hausverbot gegen einen außenstehenden Kritiker nun auch die Redefreiheit für den gewählten Repräsentanten der Studentenschaft beschnitten wurde. Dies ist mit der Geschichte und dem Anspruch der Freien Universität nicht vereinbar.‹«[61]

Die Diskrepanz zwischen »rationalem Anspruch und institutioneller Macht«[62] war deutlich sichtbar geworden; die Ohnmacht des ›herrschaftsfreien Arguments‹ in den institutionellen Strukturen der universitären Hierarchie wurde in diesen Wochen von vielen Studenten am eigenen Leib erfahren, genauso wie die ablehnende Haltung der als liberal und demokratisch geltenden Presse, die mehr an »Ruhe und Ordnung« interessiert war als an lebendiger und kritischer Auseinandersetzung mit der Wirklichkeit. Zugleich spürten viele der spontan mobilisierten Studenten die Möglichkeit, selbst zu handeln, einzugreifen und anzugreifen, wenn es nötig war. Und es war nötig geworden. Denn ein weiterer ›Fall‹ setzte die öffentliche Auseinandersetzung an der ›Freien Universität‹ über den Umgang der akademischen Verwaltung mit den Grundrechten und politischen Freiheiten fort.

Ekkehard Krippendorff, Assistent am ›Otto-Suhr-Institut‹, hatte am 14. Mai 1965 im ›Spandauer Volksblatt‹ geschrieben: »Es geht auch nicht um die Person Erich Kubys. Es geht ums Prinzip. Wie man hört, hat bereits ein so großer Gelehrter wie Karl Jaspers nicht zum 8. Mai 1965 an dieser Universität sprechen bzw. eingeladen werden können, weil der Rektor mit dessen Anschauungen zur deutschen Frage nicht konform geht.«[63] Obwohl Krippendorff diese Unterstellung vier Tage später zurücknahm und sich bei Rektor Lüers entschuldigte, wurde sein Assistentenvertrag, der Ende September auslaufen sollte, nicht verlängert, was einer Kündigung gleichkam. Der Rektor ließ sich auch durch die damals noch durchaus geläufige, exquisite Wortwahl des Rebellen Krippendorff – »Sofern Ihnen, Magnifizenz, dieses als ›Verleumdung‹ und ›üble Nachrede‹ erschien, bitte ich Sie, mein ehrliches Bedauern und meine Entschuldigung entgegenzunehmen«[64] – nicht beirren und statuierte, über die Köpfe des geschäftsführenden Institutsdirektors und des zuständigen Professors hinweg, ein Exempel, »das sich grundsätzlich gegen wissenschaftliche Assistenten richtet, die sich politisch exponieren«.[65]

Erst im Juli erfuhr die universitäre Öffentlichkeit von diesem neuerlichen Vorgehen gegen einen »unliebsamen Kritiker«, für den in Gesprächen zwischen Rektor, Akademischem Senat und einigen Professoren des ›Otto-Suhr-

Instituts‹ ein ›Kompromiß‹ ausgehandelt worden war: keine Vertragsverlängerung, aber Vermittlung eines Habilitationsstipendiums, damit sein »zweifellos in Gang befindlicher Reifungsprozeß in Richtung auf die reine Wissenschaft dadurch beschleunigt«[66] werde.

Auf einer studentischen Vollversammlung wurde am 16. Juli 1965 der Rücktritt des Rektors gefordert. Doch die Semesterferien ließen den Konflikt erst einmal im Sand verlaufen. Die grundsätzliche Auseinandersetzung um eine ›demokratische Universität‹ hatte jedoch gerade erst angefangen. Im öffentlichen Streit waren dieselben Argumente zu Waffen des Kampfes geworden, die in den Gremien und Ausschüssen der Ordinarien-Universität bloß ohnmächtig widerhallten. Die Studenten hatten eine Entdeckung gemacht.

Am 28. Juli veröffentlichte der Berliner ›Tagesspiegel‹ einen Brief des Rektors an den damals für politische Veranstaltungen verantwortlichen Professor Sontheimer, der die Einladung an Jaspers im Auftrag der Studenten ausgesprochen hatte: »Inzwischen hat Ihnen Herr Professor Jaspers abgesagt. Der Akademische Senat erörterte auch, wie er sich im Falle einer Zusage aus der geschaffenen Zwangslage lösen könne, und beauftragte mich zu versuchen, Ihre Einladung mit der gebotenen Umsicht rückgängig zu machen.«[67] Dieser Brief vom 18. März 1965 bestätigte den ursprünglichen Verdacht Krippendorffs, aber das kümmerte nun kaum noch jemanden.

Zum Wintersemester 1965/66 hatte Professor Lieber das Rektorat übernommen, ein Mann, in dessen Seminaren Rudi Dutschke »viel gelernt«[68] hat, der Marx-Bände herausgegeben hatte und ein »hohes theoretisches Denken der Ideologiekritik«[69] besaß, einer, dem von Kritikern seines Amtsvorgängers »politisches Fingerspitzengefühl und demokratische Grundhaltung«[70] nachgesagt wurde. Doch die aus dem Sommersemester rührenden Konflikte waren nicht vergessen und sie waren prinzipieller Natur. In Vietnam verschärfte sich der Bombenkrieg gegen die Bevölkerung, und die politischen Aktivitäten der oppositionellen Studentengruppen konzentrierten sich immer mehr auf den Zusammenhang zwischen den Verhältnissen in der Bundesrepublik und den Grausamkeiten im Mekong-Delta, zumal die ›anständigen Berliner‹ diese Perspektive auf ihre Weise bestätigten: Am 1. Dezember 1965 wurde in allen Tageszeitungen West-Berlins angekündigt, daß jeder amerikanischen Familie, »die um einen in Vietnam gefallenen Mann oder Vater, Sohn oder Bruder trauern«[71] müsse, eine »Nachbildung der Freiheitsglocke mit besonderer Widmung«[72] zu schicken sei, wofür man die ganze Bevölkerung zu Spenden aufrufe.

Diesen »Freiheitsglockenzynismus«[73] bekämpfte zuerst Wolfgang Neuss in seinem satirischen Blatt »Neuss Deutschland« (und handelte sich damit einen Anzeigenboykott sämtlicher Berliner Tageszeitungen ein), dann aber auch immer mehr Studenten mit Demonstrationen, Veranstaltungen, Flugblättern und Ausstellungen – ein ›unakademisches Treiben‹, das Rektor und Akademischer Senat mit zunehmender Nervosität verfolgten. Eine Vietnam-Ausstellung des SDS in der Universität wurde mit ›baupolizeilichen Argumenten‹ verhindert. »Als einige Zeit später bei einer Vietnam-Veranstaltung der ›Falken‹ im Studentenhaus am Steinplatz eine Miniaturbombe explodierte – ohne daß allerdings irgendein Sachschaden entstand –, war ein Vorwand geliefert, um gegen alle unliebsamen studentischen Veranstaltungen vorzugehen.«[74] Neue Richtlinien zur Vergabe von Räumen der ›Freien Universität‹ wurden erlassen. »Ab sofort« sollten dort keine Veranstaltungen mehr stattfinden, »bei denen eine Störung des ordentlichen Universitätsbetriebes befürchtet werden muß«.[75] Das Auditorium Maximum sollte nur noch für Festakte und wissenschaftliche Veranstaltungen der Universität und des Senats von Berlin zur Verfügung stehen, nicht aber für politische Diskussionen. Damit verstieß die akademische Verwaltung zwar gegen die geltende Universitätsordnung, die den studentischen Gruppen ausdrücklich Räume für ihre politische Bildungsarbeit gewährt, aber der Ruf nach »Ruhe und Ordnung«, nach einer entpolitisierten Universität war inzwischen so laut geworden, daß selbst ›formale Rechte‹ der Studenten offen mißachtet werden konnten. Freilich wurde daraus ein weiteres Lehrstück für die ›Rebellen‹: Die Fiktion von der politisch neutralen, ›rein wissenschaftlichen‹ Autonomie der Hochschule hatte sich zu erkennen gegeben, »entlarvt«, wie es später hieß. Als Rektor Lieber am 17. Februar 1966 die neuen Richtlinien auf einer Pressekonferenz zu erläutern versuchte, trieben ihn die zahlreich erschienenen Studenten durch ihre Fragen derart in die Enge, daß er »selbst auf eine Wortmeldung des ›Beauftragten für politische Bildung‹, Professor Sontheimer, nervös und ungeschickt reagierte: Sontheimer wollte eine Erklärung bekanntgeben, was ihm der Rektor mit dem Hinweis auf ›beamtenrechtliche Konsequenzen‹ verwehrte.«[76] Sontheimer verteilte daraufhin nach der Pressekonferenz seine Rücktrittserklärung, in der er die »Verneinung des politischen Bildungsauftrages« durch den Richtlinienbeschluß des Akademischen Senats kritisierte, was dieser ihm mit der unverzüglichen Enthebung von seinem Posten dankte. Der AStA seinerseits trat unter Protest zurück und leitete eine Rechtsaufsichtsbeschwerde beim Senator für Wissenschaft und Kunst ein.

»Plötzlich setzten sich alle hin. Als sie auf dem Boden saßen, überkam sie ein verdammt glückliches Gefühl der Gemeinsamkeit. Den dreitausend Studenten war, als hätten sie den ›Henry-Ford-Bau‹ der Freien Universität Berlin für sich erobert, unter dem sie bisher immer nur zu leiden hatten. Vor dem Gebäude hatte seit fünfzehn Uhr eine Versammlung stattgefunden mit den Forderungen, daß der Rektor seine Vorwürfe gegen den AStA-Vorsitzenden zurücknimmt oder erklärt; für die Abschaffung der Zwangsexmatrikulation, für die Wiedereinstellung von Krippendorff und von Professor Sontheimer in sein Amt als Beauftragter für politische Bildung. Wolfgang Neuss kam und trug den Studenten Szenen aus ›Neuss Testament‹ und ›Das jüngste Gerücht‹ vor, aber ›in strenger Form ohne Musik‹. Um siebzehn Uhr beschlossen sie, sich zu einem Sit-in in den Henry-Ford-Bau zu begeben. Um 18.30 Uhr erschien Rektor Lieber und sagte: ›Kommilitonen, ich bitte Sie herzlich und inständig, die Versammlung aufzulösen und die Halle zu verlassen. Andernfalls sind für Studenten und Professoren der FU unangenehme Folgen zu erwarten.‹ Buh-Rufe und Pfiffe. Solidaritätstelegramme von den allgemeinen Studentenausschüssen westdeutscher Universitäten trafen ein. Die Nachricht von der Aktion in der FU hatte sich wie ein Lauffeuer verbreitet. Als die Versammelten um 21.30 Uhr noch immer in der Halle saßen, begann ein Teach-in. Unter den Diskutierenden waren Hans-Joachim Hameister, damals noch Mitglied im SDS, später der Kommune I, Rudi Dutschke (SDS), Wolfgang Nitsch und Ulrich Preuß, die 1961 die Hochschuldenkschrift des SDS geschrieben hatten, Jürgen Bernd Runge vom RCDS, die Assistenten Johannes Agnoli und Klaus Meschkat und die Professoren Ludwig von Friedeburg und Wilhelm Weischedel. Es war eine euphorische Stunde, als die noch anwesenden 2500 Studenten nach Mitternacht einmütig eine Resolution annahmen, in der zum ersten Mal Forderungen der Universitätsrebellion vorgetragen wurden, die später immer wieder auftauchten; darin hieß es unter anderem: ›Was hier in Berlin vor sich geht, ist ebenso wie in der Gesellschaft ein Konflikt, dessen Zentralgegenstand weder längeres Studium noch mehr Urlaub ist, sondern der Abbau oligarchischer Herrschaft und die Verwirklichung demokratischer Freiheit in allen gesellschaftlichen Bereichen. Aus diesem Grund sieht die Studentenschaft die Notwendigkeit, mit allen demokratischen Institutionen der Gesellschaft zusammenzuarbeiten, um ihre Forderungen durchzusetzen.‹«[77]

Zu Beginn des Sommersemesters 1966 war an der juristischen und an der medizinischen Fakultät die sogenannte ›befristete Immatrikulation‹ eingeführt worden, die die maximale Studiendauer begrenzte. Das bedeutete für die Studenten, nicht nur schneller zu studieren, sondern auch, auf ihre Bemühungen um inhaltliche und organisatorische Studienreformen zu verzichten. Als der Rektor auch noch eine vom studentischen Konvent beschlossene Urabstimmung (die freilich eher deklamatorischen Charakter gehabt hätte) mit wenig stichhaltigen Argumenten untersagte und dem AStA-Vorsitzenden nach seiner Rede auf einer Immatrikulationsfeier am 18. Juni 1966 »Unwahrheiten und Halbwahrheiten« vorwarf, war es mit der Geduld der »lieben Kommilitonen« zu Ende. Auf einer Vollversammlung beschlossen sie, während der Sitzung des Akademischen Senats am 22. Juni gemeinsam vor dem Henry-Ford-Bau zu protestieren.

Die studentischen Senatssprecher hatten die ›Vertraulichkeit‹ der Senatssitzung durchbrochen und die ›geheime Tagesordnung‹ veröffentlicht. So fanden *zwei* Beratungen über dasselbe Thema zur gleichen Zeit statt, die eine geheim, die andere öffentlich. Die Studenten sandten Delegierte in die klandestine Runde aus, um Rektor und Senatoren zu bewegen, an der öffentlichen Diskussion teilzunehmen. Erst nach deren Weigerung zogen sie ins Gebäude und begannen ihren Sitzstreik. Zwar war am nächsten Tag die ›Zwangsexmatrikulation‹ nicht vom Tisch, aber Rektor und Senat hatten der Bildung von ›Studienreformkommissionen‹ zugestimmt, die aus Studenten, Assistenten und Professoren (wenn auch nicht paritätisch) zusammengesetzt sein sollten. Und: Der Akademische Senat nahm formell seinen Beschluß zurück, innerhalb der Freien Universität keine politischen Veranstaltungen zu genehmigen. Ein Punktsieg *und* ein politischer Mobilisierungserfolg, der noch ein Jahr zuvor undenkbar erschien. Siegward Lönnendonker, Beteiligter und Chronist der ersten Stunde, bewundert noch heute das historische Zusammentreffen unterschiedlichster Interessen: »Diese Zusammenkunft auf höchster Ebene war von beiden Seiten, das muß man jetzt einfach sehen, cool berechnend. An der Juristischen Fakultät gab es Leute, die 20 Semester und mehr studiert hatten, da wurde einmal überprüft, ob die überhaupt noch da sind. Nun waren das zufällig Rechte, und bei den Medizinern waren es auch nicht gerade Linke. Wenn man sich das heute ansieht, dann ist das geradezu in Watte verpackt gewesen, aber es gab einen Aufschrei. Der lautete natürlich nicht: ›Die wollen uns hier unsere Studienplätze, unseren Studienlenz wegnehmen‹, sondern: ›Freiheit der Lehre und Forschung‹. Lefèvre (Ex-AStA- und SDS-Mitglied) wollte kein Bündnis mit den Rechten eingehen, sondern sagte, in diesem Punkt können wir einfach diese sich wieder entwickelnde Ordinarienhierarchie knacken. Bis dato waren ja fast 20 Jahre ins Land gegangen, ohne daß irgendwelche Vorschläge von studentischer Seite in irgendeiner Weise in ein Hochschulgesetz eingebracht worden sind. Die Sachen wurden produziert und landeten ungelesen im Papierkorb. Da ergab sich nun die phantastische Möglichkeit an der Universität, über die Aktion bei den Studenten ein Bewußtsein von ihrer politischen Situation zu erzeugen. Das ist relativ profihaft über die Bühne gegangen. Das war eine Sache, die vorher inszeniert worden war.«[78]

Diese für das gesellschaftliche Klima Mitte der sechziger Jahre ganz neue Mischung aus Selbsttätigkeit der – vorerst studentischen – ›Basis‹ und strategischer Überlegung ›revolutionärer Kader‹ hatte noch keine kontinuierliche Dynamik einer wirklichen Bewegung erreicht, sorgte aber immerhin im Wintersemester 1966/67, nach ein paar Monaten Verschnaufpause, für den nächsten ›Skandal‹. Als spätes Zugeständnis an eine der studentischen Forderungen des ›sit-in‹ vom 22. Juni 1966 stellte sich Rektor Lieber am 26. November einer öffentlichen Diskussion über Hochschulprobleme. Nachdem er immer wieder konkreten Fragen ausgewichen war, sich für »nicht zuständig« erklärt oder darauf hingewiesen hatte, er diskutiere hier als »Bürger und nicht als Rektor der Universität«, verteilten einige Studenten ein Flugblatt, in dem das stand, was sich gerade herausgestellt hatte: »Von diesem Gespräch haben wir nichts zu erwarten.« Und weiter: »Die Misere der Universität ist die Misere derer, die an ihr studieren müssen. Unerträglich sind die Zustände an der Freien Universität für uns Studenten. Wir müssen uns herumschlagen mit schlechten Arbeitsbedingungen, mit miserablen Vorlesungen, stumpfsinnigen Seminaren und absurden Prüfungsbedingungen. Wenn wir uns weigern, uns von professoralen Fachidioten zu Fachidioten ausbilden zu lassen, bezahlen wir mit dem Risiko, das Studium ohne Abschluß beenden zu müssen. Der gesellschaftlichen Forderung nach Mehrausstoß von anpassungswilligen Spezialisten entsprechen Administration und Senat mit der Reglementierung des Studiums, verschärft durch die Drohung der Zwangsexmatrikulation. In der Fabrik ›Universität‹ soll der Student seine Scheine machen und am Feierabend als Privatmann der erlernten Humanität sich hingeben. Die Studentenvertretung kann nur im konzessionierten Rahmen agieren. Im Clinch mit den Autoritäten macht sie aus unseren Forderungen Konzessionen. An unserer Lage wird sich nichts ändern, solange nicht diejenigen sich selbst organisieren, die es wirklich betrifft, die diese Freie Universität nicht mehr aushalten, die sich bewußt verweigern.«[79] Als sich ein Student des Podium-Mikrophons bemächtigte und den Text zu verlesen begann, verließ der Rektor empört den Saal und erklärte anschließend, er sehe nach dieser »gewaltsamen Beendigung des Gesprächs sein Amt und seine Reformintentionen diskreditiert«.[80]

Auch der AStA verurteilte die Aktion, weil sie verhindert habe, daß »die Diskussion mit dem Rektor der Öffentlichkeit einmal mehr das Unvermögen der Universität vor Augen führte, in ihrer jetzigen Struktur eine Selbstreform zu beginnen«,[81] drückte aber zugleich sein »Verständnis für die Enttäuschung der Studenten« aus. Ganz anders die Berliner Öffentlichkeit. Journalisten hatten SDS-Mitglieder und angehende Kommunarden unter den Flugblattverteilern gesichtet, die – strafverschärfend – außerdem das Abzeichen der Roten Garden Mao Tse-tungs am Revers trugen, was die Angelegenheit für die gesamte Presse zu einer klaren Sache machte: »Jünger Maos sprengten FU-Diskussion«, »Schwungrad der Revolution«, »Kommune mit freier Liebe und Parteischulung«. Der aufgeschreckte Rektor Lieber, der bis dahin bestenfalls dunkel geahnt haben mochte, nicht aber gewußt hat, daß an »seiner« Freien Universität Rotgardisten und Kommunarden der schlimmsten Sorte immatrikuliert sind, verlangte umgehend die Herausgabe der Namen jener Flugblattverteiler, die sich in fast rührender Weise als ›Provisorisches Komitee zur Vorbereitung einer studentischen Selbstorganisation‹ der Öffentlichkeit vorgestellt hatten. Selbstverständlich lehnte der SDS dieses Ansinnen als Appell ans Denunziantentum ab. Die hysterischen Reaktionen bestätigten aber zugleich Theorie und Praxis, »headmovie« (Bommi Baumann) und »feelings« der Rebellion: wer so reagiert, hat nicht nur viel zu verbergen, schwache Nerven und »Legitimationsdefizite«, sondern auch einen wackeligen Stand, ist letztlich ein »Papiertiger«, eine – noch mächtige – »Charaktermaske«.

Solche Gedanken konnten durch die Bildung der ›Großen Koalition‹ zwischen SPD und CDU/CSU in Bonn nur bestärkt werden, die das NSDAP-Mitglied der ersten Stunde, Kurt-Georg Kiesinger, zum CDU-Bundeskanzler machte, den sozialdemokratischen Ex-›Regierenden‹ von Berlin, Willy Brandt, zum Außenminister und die kleine liberale Wirtschaftspartei FDP zur einzigen (Pseudo-) Opposition im Deutschen Bundestag: ein Horrorszenario, das zu den schlimmsten wie zu den schönsten Hoffnungen Anlaß zu geben schien. Während die verschiedenen Studienreformkommissionen ihre kaum beachtete Arbeit aufnahmen, verlagerten sich die wesentlichen Konflikte aus der Universität in die Stadt und damit in die große weite Welt der Kriege, Klassenkämpfe und Konfrontationen mit der Polizei.

»Am 10. Dezember 1966 veranstaltete die ›Kampagne für Abrüstung‹ eine Demonstration gegen den Vietnam-Krieg. Der Polizeipräsident gab seine Genehmigung für eine Demonstrationsroute durch eine menschenleere Entlastungsstraße, um den Verkehr der Innenstadt nicht zu stören (vielleicht auch, um, nach einem Ausspruch des späteren Regierenden Bürgermeisters Albertz, ›ungestörter operieren zu können‹). Ein großer Teil der über 2000 Demonstranten versuchte jedoch, zum Kurfürstendamm zu gelangen; er wurde durch starke Polizeieinheiten mit Knüppeln auf die vorgeschriebene Straße zurückgedrängt.«[82] Unter den ›Abweichlern‹ befanden sich die militanten SDS-ler wie Dutschke und Rabehl und auch die inzwischen schon abbröckelnde ›Viva Maria!‹-Fraktion. Nach der offiziellen Abschlußkundgebung in der »menschenleeren Entlastungsstraße«, die Rudi Dutschke mit den Worten »Die Zeit ist reif für eine neue Organisationsform der außerparlamentarischen Opposition! Laßt uns sofort damit beginnen!«[83] beendete, versammelten sich – nach regelrechten Straßenkämpfen mit der Polizei – ein paar Hundert Demonstranten vor dem Café Kranzler, drapierten einen Weihnachtsbaum mit dem Sternenbanner und einem Plakat »Spießer aller Länder, vereinigt euch!« und zündeten ihn an, ebenso wie zwei Pappköpfe mit den Gesichtszügen von US-Präsident Lyndon B. Johnson und SED-Generalsekretär Walter Ulbricht. Ohne Vorwarnung gingen mehrere Hundertschaften Polizei gegen die Störer des Adventsfriedens vor, prügelten, was die Knüppel hielten, und verhafteten über achtzig von ihnen. Die AStA-Zeitung ›FU-Spiegel‹ schrieb in ihrer Januar-Nummer: »Dabei waren die Demonstranten nicht etwa nur SDS-Mitglieder, wie Springer und der ›Tagesspiegel‹ ihren Lesern weismachten. Auch die Angehörigen einiger christlicher Gruppen waren mitmarschiert, unter ihnen sogar protestantische Geistliche. Doch Glaubensbruder Albertz, mit dem Boxsport offenbar auf besserem Fuß als mit der christlichen Nächstenliebe, ließ sich nicht irremachen. Borniert wies der in den Ruhestand versetzte Gottesmann die AStA-Kritik an den polizeilichen Ausschreitungen zurück. Des Arguments Spitze: Wenn schon Beschwerden über die Polizei vorgebracht werden, dann möchte der Bürgermeister ›Roß und Reiter‹ genannt haben. Wer einmal miterlebt hat, wie prügelnde Polizisten auf die Frage nach ihrer Dienstnummer reagieren, der kann in dieser Antwort nichts als blanken Hohn entdecken.«[84]

Die BILD-Zeitung schilderte die Reaktion des neuen Regierenden Bürgermeisters Heinrich Albertz, dessen Pastorenamt ruhte, als dieser Artikel am 12. Januar 1967 in die Sitzung des Abgeordnetenhauses gelangt war: »Albertz, bleich vor Zorn: ›Das wird nun auf Staatskosten gedruckt! Aber dieser Vorgang wird nicht zu den Akten gelegt werden.‹«[85] Albertz hatte aufgrund falscher Informationen geglaubt, der ›FU-Spiegel‹ werde aus staatlichen Mitteln finanziert, und wollte nun »den Geldhahn zudrehen«.[86] Nachdem der Irrtum aufgeklärt war, ordnete er eine Überprüfung der studentischen Finanzen durch den Landesrechnungshof an und ließ – per FU-Kuratoriumsbeschluß – ein Drittel der studentischen Gelder ›einfrieren‹. Der Akademische Senat, aufs höchste alarmiert, verzichtete zwar vorläufig auf ein »Verfahren zur Aberkennung der Förderungswürdigkeit des SDS«, kündigte aber an, diesen Weg sofort einzuschlagen, »sollte der SDS als Verband oder in einigen seiner Mitglieder innerhalb der Universität Aktionen planen oder durchführen, die seinem am 7. Januar 1967 ebenfalls erklärten Ziel, ›eine Politik der permanenten Universitätsrevolte zu machen‹, dienen und die Universitätsordnung stören«.[87]

Der Hinweis auf das strikte Verbot, *innerhalb* der Universität die Revolution zu proben oder vergleichbare Störungen des ordnungsgemäßen Wissenschaftsbetriebes zu unternehmen, entbehrte nicht einer gewissen Pikanterie, hatte doch der letzte Anlaß zum öffentlichen Aufschrei und zu Albertz' Zorn *außerhalb* der Universität stattgefunden: die sogenannte ›Spaziergangs-Demonstration‹ vom 17. Dezember 1966, eine Woche, nachdem »politischen Nonkonformisten der Staatsbürgerkunde-Unterricht des unter der Freiheitsglocke residierenden Patriarchen Henricus mit Knüppeln eingebläut«[88] wurde. Waren die radikalen, zur Tat entschlossenen SDS-ler am 10. Dezember noch ins »offene Messer« der Polizei gelaufen, so wollten sie am 17. Dezember eine Demonstrationsvariante der Amsterdamer ›Provos‹ ausprobieren: »Die Demonstranten, als Spaziergänger getarnt, sollten Flugblätter verteilen, mit Passanten über die ›brutalen Schläger dieser Demokratie‹ diskutieren und, sobald Polizei auftauchte, mit harmloser Miene (unauffällig gekleidet ohnehin) in der Menge untertauchen.«[89] Gerade fünfzig ›Spaziergänger‹ hatten sich auf dem Kurfürstendamm eingefunden, als eine quäkende Kindertrompete das Signal gab: Aus Zeitungen und Plastiktüten wurden Flugblätter herausgezerrt und an vorbeihastende Weihnachtseinkäufer verteilt. Jedes Mal, wenn die Ordnungshüter die »diskutierenden und singenden Menschentrauben«[90] auflösen wollten, zerstreute man sich gemäß der vorher ausgegebenen Parole »Keine Keilerei mit der Polizei – Kommt die Polizei vorbei, gehen wir an ihr vorbei, an der nächsten Ecke dann fängt das Spiel von vorne an«.[91]

Für die Staatsgewalt war es allerdings kein Spiel. Polizeibeamte in Uniform und Zivil prügelten und verhafteten wahllos: »Überwiegend verblüffte Touristen, Schaufensterbummler, Journalisten. Und auch einige Töchter und Söhne von Marx, Mao, Marcuse und Malcolm X.«[92] Noch nie war sie derart der Lächerlichkeit preisgegeben worden wie an diesem vierten, verkaufsoffenen Adventssonnabend, und »da es mitunter schwer war, harmlose Passanten und SDS-Demonstranten auseinanderzuhalten«,[93] verhafteten die Repräsentanten der Staatsgewalt insgesamt 86 Personen. Zum großen Ereignis, zur »Staatsaffäre« wurde die »Aktion« allerdings erst durch die »kongeniale« Reaktion der Presse und des Senats. Beide hatten – endlich (?) – »einen Jüngling in abgewetzter Lederjacke, langem Haar« und, wie Springers ›BZ‹ hervorhob, mit »stechendem Blick« entdeckt: »Roter Rädelsführer Rudi«, das »alliterierte, daß den Herren der Handelskammer kalte Schauer den Rücken hinunterliefen«.[94]

Das Prinzip ›Kanonen auf Spatzen‹ hatte fast nach Plan funktioniert: »220 Polizisten auf dem Kurfürstendamm entfesselten einen vierstündigen Krawall gegen etwa dreißig selbsternannte Provos, die allerdings kaum dazu kamen, ›auf Berlins schönster Spielwiese‹ ihre Späße zu treiben.«[95] Denn bevor sich in den mitgebrachten Büchsen Spenden zugunsten »warmer Wäsche für die Polizei«, »sturmfester Kerzen für die Mauer« und »Feilen für die Hertie-Knacker« sammeln konnten, zogen Kriminalbeamte mit »geübtem Auge und trainiertem Griff« auch Rudi Dutschke aus einer Gruppe erschrockener Adventsflaneure: »Neben uns hielt ein Auto, vier Herren sprangen heraus, fielen über mich her, mein Karton, gedacht als spontane Redner-Unterlage, wird mir entrissen, einer zeigte ein Kriminalpolizeiabzeichen. Sie wollten mich sofort in das Auto abführen. Ich wehrte mich mit Händen und Füßen. Gretchen war beiseite geschoben worden, und eine ältere Dame rief empört: ›Das ist ja, wie es im Faschismus war!‹ Wird wahrscheinlich nicht stimmen, aber die Willkür polizeilicher Entscheidungen erinnerte mich an DDR-Verhältnisse. Aber es sind dennoch keine

DDR-Verhältnisse, dort wird noch brutaler gegen Widerstand vorgegangen. Nachdem ich angedroht hatte zusammenzubrechen, wenn ich nicht was zu essen bekomme, erhielt Gretchen ›das Recht‹, für mich ein Hühnchen einzukaufen. In der Nacht, am frühen Morgen, ließ die Polizei mich raus.«[96]

Die bürgerlichen Medien mit ihrer Sensationsgier hatten zum Ende des Jahres 1966 in vereinten Anstrengungen mit politischer und akademischer Obrigkeit jedenfalls eines erreicht: »einen öffentlichen Raum« zu schaffen, »in den wir unsere Ideen, unsere Wünsche und unsere Bedürfnisse hineinlegen können. Ohne Provokationen werden wir überhaupt nicht wahrgenommen.«[97] Die erste »strategische Hypothese« von Rudi Dutschke hatte sich empirisch bestätigt.

»Zu fragen bleibt«, schrieb zwanzig Jahre später sein Freund und Biograph Jürgen Miermeister, »ob das hysterisierte, zunehmend – von Provokation zu Provokation – in ein Lynchklima verfallende Berlin wirklich ein öffentlicher Raum sein konnte, der emanzipatorischen Ideen eine Chance ließ, oder ob nicht die mahnenden Stimmen eines Habermas, später auch eines Marcuse, etwas für sich hatten, auf deutschem Boden, zu dieser Zeit, sei bewußtes Herauskitzeln latenter Staatsgewalt, ja von verpupptem Faschismus perspektivlos und selbstmörderisch. Die Öffentlichkeit, voran die zu befreienden ›Massen‹, war nicht offen für die ›richtigen‹ Bedürfnisse von Revolutionären, die ihr erklärten, diese seien ›objektiv‹, sozusagen wissenschaftlich erwiesen, auch die ihren.«[98] Mehrheitlich sah vielmehr »die Öffentlichkeit« morgens in der U-Bahn und abends vor dem Fernsehschirm mit Befriedigung die Bilder jener »Polizeihiebe auf Krawallköpfe, um den möglicherweise doch vorhandenen Grips locker zu machen«, wie die Hauspostille der volkstümlichen ›Konterrevolution‹, Springers BILD, ihr nachhaltiges Verständnis für die nicht zuletzt pädagogische Aufgabenstellung der Ordnungskräfte formulierte. Gleichwohl war etwas in Bewegung geraten, hatten sich die gesellschaftlichen Mechanismen der »repressiven Toleranz«, wie Herbert Marcuse (in seinem gleichnamigen Essay vom

Oktober 1966) jene Herrschaftsform des »Spätkapitalismus« nannte, die sich subtiler, pseudodemokratischer Unterdrückungsmethoden bedient, aktuell zugleich als intolerante Aggressivität offenbart. So war der Gegner faßbarer geworden. Das aber galt für beide Seiten.

Am 26. Januar 1967 werden auf Anweisung der Staatsanwaltschaft in den Abendstunden die Büroräume des SDS durchsucht und die Mitgliederkartei beschlagnahmt. Weil sich einige Professoren von jenem Flugblatt, in dem von »professoralen Fachidioten« die Rede war, persönlich beleidigt fühlten, erstatteten sie Strafanzeige, die dem richterlichen Durchsuchungsbefehl zugrundelag. Der war am 26. Januar aber schon zwölf Tage alt, und als die fünfzehn Beamten der Politischen Polizei die Razzia vornahmen, interessierten sie sich auch nur flüchtig für die Schreibmaschinen und Matrizen, um die Herkunft des Fachidiotenflugblatts zu klären (was ihr Auftrag war), umso mehr dagegen für die Mitgliederkartei des SDS, die sie – rechtswidrig – einkassierten. SDS-Anwalt Horst Mahler konnte gerade noch durchsetzen, daß sie wenigstens versiegelt wurde. Am nächsten Morgen versammelten sich 3000 Studenten auf dem Campus der Freien Universität und forderten die sofortige Rückgabe der Kartei und die Einsetzung eines parlamentarischen Untersuchungsausschusses über die Polizeieinsätze des letzten Vierteljahres. Als zwei Tage später bei der Einweihung des von der Ford-Foundation finanzierten ›John-F.-Kennedy-Instituts‹ noch einmal über 1000 Studenten demonstrierten, traf sich Bürgermeister Albertz mit Vertretern des AStA zu einem Gespräch, in dem er die Beschlagnahmung der SDS-Kartei und die Professoren-Anzeigen als »bedauerlich und unangemessen«[99] bezeichnete. Außerdem ›erlaubte‹ er für den Nachmittag eine Demonstration auf dem Kurfürstendamm, an der mehr als 3000 Menschen teilnahmen, unter ihnen auch Schriftsteller, Gewerkschafter, Schüler und Lehrlinge. Damit war faktisch das seit Dezember 1966 bestehende Demonstrationsverbot für die City aufgehoben.

Die Mitgliederkartei wurde bald – ungeöffnet – zurückgegeben. Auch die Staatsgewalt konnte nicht jenseits aller taktischen Erwägungen handeln. Amerikanische Journalisten, die hochrangige Mitglieder der Ford Foundation nach Berlin begleiteten, hatten Albertz unangenehme Fragen nach der Rechtsstaatlichkeit der SDS-Razzia gestellt, und eine schlechte Presse im Lande der wichtigsten Schutzmacht Berlins, des demokratischen Vaters und Vorbilds, konnte und durfte der Regierende Bürgermeister der ›Frontstadt des freien Westens‹ nicht riskieren. Weniger dürfte ihn der Protest des Schriftstellers und SPD-Wahlkämpfers Günter Grass beeindruckt haben, der auf der nachmittäglichen Demonstration am Kurfürstendamm mit dem Plakat »Tausche Grundgesetz gegen Bibel« herumlief.

Die ›Aktion Wasserschlag‹ der Politischen Polizei hatte noch einen Nebeneffekt: sie lenkte die Aufmerksamkeit vollends auf den SDS und seine mehr oder minder aktiv umherschweifenden Rebellen. Der SDS war vom Seminarmarxismus der frühen sechziger Jahre unversehens, aber nicht zufällig in die Rolle eines provisorischen Katalysators des Protests und der Rebellion hineingewachsen. Für Rudi Dutschke 1965 noch ein »Gelegenheitsprodukt der revolutionären Ebbe«,[100] wurde der SDS im Laufe der auch und gerade von ihm inspirierten Aktionen und Ereignisse zu einer – heterogenen – Instanz der sich abzeichnenden antiautoritären Bewegung. Chronist Lönnendonker hält den SDS gar nach wie vor für den Kern der Studentenbewegung: »Der SDS war eine Gruppe, die jenseits einer Partei, ohne Rücksichten, aber auch ohne Karrieremöglichkeiten auf sich selbst gestellt war. Er konnte sozusagen die ›reine Lehre‹ hochhalten, brauchte das nirgendwo zu verifizieren, konnte an den Universitäten lärmen. Mit dem Rüstzeug, das sich die Leute angelesen hatten und wirklich in die Seminare brachten, konnten die jeden Professor aufs Kreuz legen. Dazu kam, daß wir zu jedem Thema jederzeit mindestens einen Referenten sofort aus der Tasche ziehen konnten. Mein Gott, wir wußten doch bestens Bescheid, was die Welt im Innersten zusammenhält, wir wußten haargenau, wie das mit dem Kapitalismus funktioniert. Wir hatten unsere ›Kritische Theorie‹ in der Tasche, die herrlichste Verbindung von

Marxismus und Psychoanalyse, wir hatten auf alles eine Antwort.«[101]

Klaus Meschkat, heute Professor für Soziologie in Hannover, war einer der alten Theorie- und Gremienhasen im Berliner SDS, einer von denen, die nicht gerade begeistert waren, als die »herrlichste Verbindung von Marxismus und Psychoanalyse« auch noch mit dem ungestümen Willen zur Praxis, zur Aktion konfrontiert wurde, als Rudi Dutschke und Bernd Rabehl Anfang 1965 um ihre Aufnahme in den illustren Kreis nachsuchten: »Die Integration der Gruppe um Rudi Dutschke in den SDS war allerdings eine ganz schwierige Sache. Wir hatten uns zwar von der Sozialdemokratie getrennt, aber wir waren unserem Habitus nach, unserer ganzen Lebenseinstellung nach doch der alten Arbeiterbewegung sehr verbunden. Und daß dann einfach Leute kamen, die ganz anders auftraten, das war für uns sehr schwer zu verkraften. Ich glaube, wenn ich in dieser 68er Zeit irgendeine Rolle gespielt habe, dann vielleicht die, daß ich das als positiv erkannt habe. Ich erinnere mich noch genau: Wir saßen in irgendeiner Sitzung, um irgendeine belanglose Diskussion fortzusetzen, die wir vermutlich schon vor acht oder neun Jahren geführt hatten, da kam Rudi vom Ku'damm rein und brachte zwei Leute mit. Die hatte er gerade auf der Straße getroffen, sie gehörten noch nicht dem SDS an; aber er fand sie interessant, weil er mit ihnen gesprochen hatte. Und denen sagte er dann: ›Kommt mal mit rauf.‹ Wir waren natürlich vollkommen entsetzt. Aber ich bin sicher, daß diese Art, die geschlossenen Kreise zu sprengen, ein entscheidender Impuls gewesen ist für die ganze neue Entwicklung, die der SDS dann 67/68 genommen hat.«[102]

Stammherr
HEIT FUR
TEUFEL

3

Worin pünktlich zum 1. 1. 1967 die ›Kommune I‹ gegründet wird, Fritz Teufel und die anderen wegen ›Realitätsflucht‹ aus dem SDS ausgeschlossen werden und die Erschießung von Benno Ohnesorg am 2. Juni die Rebellion zur Revolte werden läßt

Unser Ziel ist das Setzen der Kommune. Setzen der Kommune ist die Voraussetzung von Praxis. Anarchistische Praxis ist die Zerstörung von Theorie. Wir haben uns vorgenommen, keine Tendenzanalyse mehr zu machen. Das bedeutet, daß Praxis augenblicklich möglich ist. Die vergangenen anarchistischen Bewegungen sind daran gescheitert, daß die Zeit noch nicht erfüllt war. Historisch gibt es jetzt erstmals eine Möglichkeit für uns.«[103] Bernd Rabehl, Freund Rudi Dutschkes und maßgeblicher Theoretiker der Revolte 1968, artikulierte mit diesem Diskussionsbeitrag in der etwa 25köpfigen Gründungsgruppe der »Urkommune« im November 1966 den Primat des militanten ›Hier und Jetzt‹: »Die Praxis selber setzen« war die Parole, den ›Seminarmarxismus‹ überwinden, um die Befreiung der Gesellschaft mit der Befreiung des Individuums – ›dialektisch‹ – zu verbinden. Auf der Delegiertenkonferenz des SDS im Spätsommer 1966 hatte sich auf Initiative der ›Viva Maria‹-Gruppe vom Kochelsee eine Gruppe vorwiegend junger SDS-ler gebildet, die sich vorgenommen hatte, der Ablehnung ›objektivistischer‹ Gesellschaftstheorien und davon abgeleiteter Revolutionskonzepte die praktische Tat der Veränderung folgen zu lassen.

Noch frisch war die Erfahrung mit dem SDS-Arbeitskreis ›Formierte Gesellschaft‹, der unter dem Einfluß aktivistischer Gruppen in West-Berlin eine »Analyse des Monopolkapitalismus« erarbeiten sollte, um zu klären, »an welchen Widersprüchen der kapitalistischen Gesellschaft die Aktionen ansetzen konnten«.[104] Zwei Jahre später und um einiges klüger schrieb Bernd Rabehl über diesen »Mammutarbeitskreis«: »Unter dem selbstgesetzten Druck, diese Analyse in einem Vierteljahr leisten zu wollen, waren diese Studenten unfähig, das umfangreiche Material zu ordnen und für eine Revolutionstheorie zu verarbeiten. Sie begingen den alten Fehler, den Marx schon bei Proudhon[105] kritisierte; sie folgten nicht der historischen Entwicklung der

»Beerdigungs-Happening« der K 1:
Dieter Kunzelmann verteilt Flugblätter
vor dem Rathaus Schöneberg

Produktionsverhältnisse, sondern übernahmen die fertigen Kategorien und ökonomischen Dogmen, die die sozialistischen Theoretiker der verschiedenen historischen Epochen erarbeitet und hinterlassen hatten. Die Begriffe wurden nicht als strategische Artikulationen der je bestimmten historischen Situation aufgefaßt, sondern als verselbständigte Elemente einer ›revolutionären Logik‹ verwandt.«[106]

Gegen solche Theoriehuberei sollten die wirklichen Bedürfnisse gesetzt werden: »endlich anzufangen, nicht mehr warten zu wollen«. Mit der These des in Kalifornien lehrenden Herbert Marcuse im Rücken, daß der antagonistische Widerspruch der spätkapitalistischen Gesellschaft kaum noch in der Produktionssphäre, sondern eher außerhalb, gar gegen sie als Aufstand der »neuen Sensibilität« gegen die Repression, der »Lebenstriebe« gegen die zerstörerische Aggressivität der entfremdeten Gesellschaft erfahrbar sei, wurde in nächtelangen Diskussionen über das Wie des Anfangens debattiert. Schnell hatten sich jedoch die gleichen Strukturen eingeschlichen, die bei den Theoriezirkeln des SDS gang und gäbe waren: »Wortführer und Akklamateure, Interpreten und Interpretierte«.[107] Zwar versuchte man, das Problem (anders als bisher) direkt anzugehen – »Ich finde es Scheiße, daß hier so abstrakt diskutiert wird, während es einem so dreckig geht«, warf schon mal jemand ein, wenn ein Genosse sichtbar niedergeschlagen und schweigend dasaß –, aber »den meisten war damals schon klar, daß die individuellen Verklemmungen der bürgerlichen Vorgeschichte nur in der gemeinsamen zukünftigen Arbeit aufgehoben werden könnten«.[108] Die sollte zunächst in Form eines ›Colloquiums‹, in dem auch die persönlichen Probleme in die neue Praxis ›eingebracht‹ werden könnten, vorangetrieben werden.

Mitten in der Diskussion über die Arbeitskreise des Wintersemesters 1966/67 auf der West-Berliner Landesvollversammlung des SDS stand ein Mädchen auf und verlas mit überlauter Stimme einen entsprechenden Aufruf der Kommune-Gruppe: »Das Colloquium wird in den Mittelpunkt seiner Diskussion die Frage stellen, inwieweit die Tendenzanalyse als klassische Form des heruntergekommenen Marxismus noch imstande ist, den Weg zu revolutionärer Praxis zu zeigen. ›Provos‹ und ›fuck for peace‹ sind unserer eigenen Existenz näher als die revolutionären Bewegungen der Dritten Welt, die für den SDS zum Gegenstand der Betrachtung gemacht worden sind, weil eigene Praxis als unmöglich erscheint. Wenn ›Provos‹ und ›fuck for peace‹ wirklich Praxis machen, dann sind sie mit dem allgemeinen Emanzipationsprozeß der Beherrschten konkreter vermittelt als durch die Rückwirkungen, welche die marxistisch-positivistische Tendenzanalyse der Neo-Imperialismustheorie sich erhofft.«[109] Daß die Vorleserin sich bei der ›marxistisch-positivistischen Tendenzanalyse‹ verhaspelte, war kein Zufall: »Der Text war ihr erst kurz vor der Versammlung in die Hand gedrückt worden. Gemacht hatten ihn drei männliche Genossen. Dadurch, daß eines der sonst zum Schweigen verdammten Mädchen diesen Text vortrug, sollte der Anspruch auf die mögliche Emanzipation der Frauen und Unterdrückten im SDS deutlich gemacht werden. Das Mädchen setzte sich nach dem Vorlesen völlig verwirrt hin und sagte bei der anschließenden Diskussion über den Text überhaupt nichts mehr.«[110] Der eklatante Widerspruch zwischen Anspruch und Wirklichkeit der ›Kommune-Gruppe‹ und die Dürftigkeit ihrer programmatischen Basis änderten nichts an ihrer Faszination, die auch die theoretische Kritik der älteren Genossen nicht schmälern konnte: Für die drängenden Jungen und Militanten waren sie ja gerade das abschreckende Beispiel von Bücherwürmern, die sich durch die drei blauen Bände des Marxschen ›Kapital‹ gefressen hatten und immer noch nicht sagen konnten, wann und wo es losgehen sollte. Für das auf allen Ebenen höchst komplizierte Verhältnis von Theorie und Praxis, von Individuum und Gesellschaft, Orgasmusschwierigkeiten und Organisationsfragen schien das Ei des Kolumbus gefunden: ein kleines Wunderland der Befreiung von dem Leid und den individuellen Existenzängsten, die nicht mehr wie bei den »Seminarmarxisten« durch kritische Theorie »rationalisiert« und sublimiert, sondern kollektiv aufgesprengt werden sollten – eine Art intrapsychischer Aktion »Hau weg den Scheiß!«. Endlich, so hofften viele, konnte jeder mitreden, den anderen gegenüber offen seine Schwächen eingestehen, zugleich aber auch in der Aktion vorwärtsstürmen, ohne vorher ein Referat darüber ausgearbeitet zu haben. Hans-Joachim Hameister, Mitglied der Gruppe, beschreibt den Sprung, den ein vorwiegend nichtintellektueller ›Akt der Auflehnung‹ damals bedeutete: Er war der ›Rot-Gardist‹, der am 26. November 1966 das ›Fachidioten-Flugblatt‹ im Audimax der FU vorlas: »Natürlich war ich nervös. Ich stand auf, ging in dem ausbrechenden Tumult zur Bühne, nahm der Magnifizenz das Mikrophon von der Nase, und verlas mechanisch den Text des Flugblattes. Das Mikrophon wurde abgestellt, ich brüllte den Text herunter. Jemand rempelte mich an, ich las, brüllte, betonte jedes Wort, las bis zum letzten Satz – ein programmierter Automat. Im Chaos verließ ich den Saal, unfähig, noch einen Satz zu sagen, der nicht auf dem Papier stand. Ich fühlte mich elend.«[111]

Die großen Erwartungen an die praktisch-sinnliche Emanzipation trafen ebenso wie die theoretischen Berechnungen der Weltrevolution auf die Unregelmäßigkeiten und Widersprüche der Realität: die zwanglose Verknüpfung von Sexualität und Sozialismus (zunächst im kleinen), das Aufbrechen von Tabus als politischer Akt, es wollte nicht einmal im überschaubaren SDS-Colloquium gelingen: »Die Aufforderung, jeder solle doch einmal von seinen Problemen sprechen, förderte angesichts der ja nicht aufgehobenen psychischen Ängste nur Banalitäten zutage.«[112] Nach zwei Sitzungen hatte man bemerkt, daß durch die reine Diskussion die Vermittlung zwischen Privatem und Politischem nicht zu leisten war. Das ›Colloquium‹ wurde in aller Stille beerdigt. Die Gruppenmitglieder »begannen damals zu begreifen, welche ungeheure Aufgabe die Veränderung des bürgerlichen Menschen sein würde«,[113] jenes Individuums, das in der »kapitalistischen Gesellschaft zu einer realen Hilflosigkeit verdammt ist, indem das Ich ohnmächtig den ständig unterdrückten Triebansprüchen des Es auf der einen und einem angsteinflößenden Über-Ich auf der anderen Seite ausgeliefert ist«.[114] In einem Zirkular von Januar 1967 wird denn auch harsche Kritik an einem bloß formalen Gruppenkonsens über die »Revolutionierung des Individuums« geübt: »Wir hatten zwar ein Vierteljahr mit ausgedehnten Diskussionen zugebracht, standen uns aber jetzt, wo die zur Phrase gewordene Verbindlichkeit konkret zu werden drohte, fremd, wenn nicht feindlich gegenüber.«[115]

Zum 1. Januar 1967 hatte die Kommune-Gruppe eine ausreichend große Wohnung gefunden. Auf einer »Plenardiskussion« am Silvesterabend hatten sich zwölf Leute bereiterklärt einzuziehen. Doch schon am nächsten Morgen, Neujahr 1967, machten fünf von ihnen einen Rückzieher. Hatte auf der gemeinsamen Sitzung am Vorabend noch die »Angst, von der zukünftigen kollektiven Lebenspraxis ausgeschlossen zu sein, alle Widerstände verdrängt«, so überwog einen Tag später »die Angst, den psychischen Schutz einer eigenen Wohnung aufgeben zu müssen«: »Mißtrauen und Angst vor den Genossen waren vier Monate lang unter dem Mantel abstrakter Einigkeit gegen die bisherige Form von Politik und theoretischem Lernen versteckt worden.«[116] Sieben ziehen dann tatsächlich ein, zwei Frauen und fünf Männer, unter ihnen Fritz Teufel und Dieter Kunzelmann. Sie nennen ihr Projekt ›Kommune 1‹. Die ursprüngliche Kommune-Gruppe aber ist an der Frage zerfallen, ob die Widersprüche der Subjekte »nach außen« oder »nach innen« aufgelöst werden könnten. Während Ulrich Enzensberger die psychischen Probleme der einzelnen in den Mittelpunkt stellen wollte – »Warum reden wir über die Große Koalition zwischen SPD und CDU, die uns einen Scheißdreck angeht?«[117] –, geißelte Bernd Rabehl das Psycho-Konzept als »Neues Jerusalem«, als »sektiererhafte Absonderung von der politischen Bewegung«,[118] derselbe, der zwei Monate zuvor noch das »Setzen der Kommune als Voraussetzung von Praxis« gefordert hatte. Man sieht: Die Entwicklungen in jener Zeit verdichteter Erfahrungen, mit denen die Reflexion zuweilen kaum noch Schritt halten konnte, ließen manche Fehleinschätzung rasch erkennen, wie andererseits tiefgreifende Irrtümer besonders lange andauerten. Zugleich exi-

Pressekonferenz der K 1
Stehend von links: Dieter Kunzelmann, Dorothea Ridder, Hans-Jürgen Hameister
vorn: Fritz Teufel, Dagmar Seehuber, Ulrich Enzensberger

stierte theoretisches Denken immer schon vor jeder Erfahrung und machte sich ebenso »selbständig« wie die Idee, »das Teekochen zum Problem« zu machen, »über das geredet werden muß«.[119] Mit einem Wort: Die ›Dialektik‹ zwischen persönlicher und politischer Befreiung zerfiel jeweils in einen der beiden Teile.

Am 5. Februar 67 meldete die amerikanische Nachrichtenagentur ›United Press International‹ (UPI): »Der Berliner Landesverband des linksgerichteten Sozialistischen Deutschen Studentenbundes (SDS) will demnächst auf freiwilliger Grundlage versuchen, das alte Ideal menschlichen Zusammenlebens, die Kommunen, zu neuem Leben zu erwecken. Wie am Wochenende auf der SDS-Landesvollversammlung mitgeteilt wurde, plant der Vorstand der Studentenorganisation, einige ehemals ›hochherrschaftliche‹ Berliner Großwohnungen zu mieten. Von diesen ›Wohnkommunen‹ verspricht sich der SDS eine Intensivierung des Verbandslebens. Durch das enge Zusammenleben und -arbeiten der Mitglieder soll, wie mitgeteilt wurde, vor allem

Die Kommune in der Stephanstraße

›die bisherige Trennung zwischen Privatleben und Freizeit-Sozialismus‹ aufgehoben werden, die die politische Aktivität des SDS lähmt.«[120]

Die SDS-Kommune, die einige Wochen nach der ›K1‹ in einer Wohnung im SDS-Zentrum am Kurfürstendamm tatsächlich gegründet wurde und in die Revolte-Annalen schließlich als ›K2‹ einging, war zunächst eher als Arbeitsgruppe gedacht, weniger als umfassende Lebensgemeinschaft. Kollektive Arbeit, so das Konzept, würde allmählich auch »den Zugang zu individuellen Problemen« eröffnen und die sozialpsychologische Basis »revolutionärer Politik« vertiefen und verbreitern. Denn immer wieder hatte sich als Dilemma herausgestellt, daß selbst nach gelungenen gemeinsamen Aktionen, die öffentliche Tabus durchbrachen, wie etwa die Spaziergangs-Demonstration, die einzelnen in ihre Isolation zurückfielen. Entgegen dem äußeren Anschein waren die »kollektiven Regelverletzungen« alles andere als spontane Eruptionen der »Lebenstriebe« gegen die kapitalistische Todesmaschinerie. Sie waren genau geplant, hatten zum Teil den Charakter von Mutproben und bestätigten zunächst die männlichen Autoritätsstrukturen; die individuellen Hemmungen blieben. Die »Straßenerfahrungen« konnten nur auf jenem Abstraktionsniveau diskutiert werden, das die konkreten, widersprüchlichen Empfindungen (vor allem der Nicht-Autoritäten) kaum widerspiegelte. Deshalb versprach man sich im Laufe der »Organisationsdebatte« des SDS Abhilfe durch ein Netz zusammenwohnender Arbeitskollektive.

Doch es blieb bei der ›K2‹. Die Devise »Gemeinsam leben, arbeiten und kämpfen« setzte bei den Genossinnen und Genossen mehr Ängste frei, als alle Versprechungen einer freien Existenz aufzufangen vermochten. Schnell stellte sich auch in der ›K2‹ heraus, daß Zusammenwohnen nicht zuletzt die Zusammenballung ganz unterschiedlicher Bedürfnisse und Probleme bedeutet, über die man – so oder so – nicht hinwegphilosophieren kann. Also diskutierte man über Rainer Langhans' Liebeskummer, Lisbeth Schlotterers Männer-Schelte – »Was wollt ihr eigentlich verändern in dieser Gruppe, wenn ich jeden Tag für alle abwaschen muß?«[121] –, über Verhaltensschwierigkeiten, Neurosen aller Art und die Frage, warum der oder jene keine Lust auf dieses oder jenes hat. Man erzählte sich gegenseitig die Lebens-

Die K 1 im Eßzimmer

geschichte: Konflikte mit den Eltern, Schwierigkeiten in Liebesbeziehungen, Hemmungen, Ängste, Hoffnungen.

Doch die Überforderung der einzelnen wie der Gruppe wurde schnell deutlich, die offenkundig gewordenen drängenden persönlichen Schwierigkeiten, Wünsche und Ängste konnten in der Gruppe nicht bewältigt werden. Obwohl versucht wurde, nach der Lektüre von Wilhelm Reichs ›Sexueller Revolution‹ »noch einmal die Lebensgeschichte eines jeden zu durchleuchten«, um vielleicht mit Hilfe psychoanalytischer Kategorien Verständnis und Veränderung aktuell herbeizuführen, konnten für niemanden »irgendwelche konkreten Verhaltensmaßregeln verbindlich aufgestellt«[122] werden. Rainer Langhans zog enttäuscht in die ›Kommune 1‹ um, Uwe Bergmann hatte keine Lust mehr auf den Offenbarungszwang und stieg aus, während der Rest der Gruppe »in nächtelangen, rauschähnlichen Gesprächen« versuchte, den Gordischen Knoten aus Übertragung, Gegenübertragung und Neurosengeschichte zu entwirren und sich dabei immer mehr vom Ausgangspunkt entfernte: »den SDS in arbeitsfähige Wohnkollektive umzuwandeln«.[123] Die »Kommune als funktionale Einheit, die sowohl die politische Effizienz vergrößert als auch die psychische Existenz ihrer Mitglieder erleichtert«,[124] war längst eine »psychoanalytische Laienspielgruppe«[125] geworden, die »noch schneller in politische Apathie abgesunken ist, als die Kommune 1 zur Funktion des Berliner Originals und Springers Hofnarren aufgestiegen ist. Die Kommune 2 hat vielleicht ein noch schlimmeres terroristisches Netz über ihre Mitglieder gezogen als die K1. Sie hat wohl kaum ein persönliches Problem ihrer Angehörigen und vor allem: nicht ein einziges Problem des Berliner SDS zu lösen vermocht.«[126] So lautete das Verdikt im Rechenschaftsbericht des SDS-Bundesvorstandes zur 22. Delegiertenkonferenz im September 1967.

Zu diesem Zeitpunkt war auch in SDS-Kreisen die ›K1‹ als ›Horrorkommune‹ berüchtigt, über die die wildesten Gerüchte kursierten. Doch es traf durchaus zu, daß die ›K1‹ mit ihrem Versuch, in der Gruppe persönliche Schwierigkeiten zu lösen, gescheitert war und »eine Wiederherstellung repressiver, neuer Über-Ich-Normen« betrieben hatte, Folge kategorischer Forderungen wie dieser: »Alle Zweierverhältnisse müssen aufgelöst werden.« Ein »grausames Zwangssystem« hat SDS-Mitglied und Psychoanalytiker Reimut Reiche die ›Kommune 1‹ später genannt. Der Versuch der Befreiung endete im Psychoterror der Verklemmten, der auch einen der Protagonisten, Rainer Langhans, am Ende »um Gnade winseln« ließ. Nur die häufigen Wechsel einzelner Mitglieder, vor allem aber die spektakulären ›K1‹-Aktionen von Fritz Teufel, Dieter Kunzelmann und Rainer Langhans inklusive der teilweise geradezu ekstatischen Medien-Reaktionen ließen die ›Kommune 1‹ als ›Identifikationssymbol‹ weiterexistieren, obwohl ihre »inhaltlichen Impulse nur als äußerliche Show überlebten«.[127] Gerade darum schloß der Berliner SDS sie am 3. Mai 1967 aus seinem Landesverband aus – wegen »falscher Unmittelbarkeit«, »Realitätsflucht« und Selbstüberschätzung. Der Hauptanlaß für diesen spektakulären Rausschmiß der »Pseudo-Linken« war eine Flugblattserie, die Mitglieder der ›Kommune 1‹ mit »SDS« unterzeichnet und verteilt hatten. So schrieben sie etwa »Noch eine Antwort des SDS an Rektor Lieber«: »Niemand will dir deinen Posten als Rektor der Walt-Disney-Universität rauben. Aber wenn Mickey-Mouse-Figuren zu gemeingefährlichen Erpressern werden, muß endlich die Polizei eingreifen. Läuft der Betrieb in dieser Bude dann immer noch in verstaubter Weise weiter, sehen wir uns genötigt, 10000 (in Worten: zehntausend) Rotgardisten einzuschleusen. Ein Besuch in der chinesischen Botschaft Ost-Berlins genügt – doch wem sagen wir das. Denk immer daran: auch Lübke nimmt Okasa. Mach's gut, Dein SDS«[128] In Flugblatt Nr. 5, dem letzten mit »SDS« gezeichneten Werk aus dem Haus am Stuttgarter Platz, wird noch einmal eine Volte geschlagen und die immanente Sinnfrage gestellt: »Wer soll uns noch glauben?« Dann werden Vorschläge zu Beleidigungen von Autorität und Obrigkeit unterbreitet: »Ihr könntet zum Beispiel, wenn ihr gemein sein wollt, sagen, der Lieber ist ein kompletter wissenschaftlicher Versager, oder der akademische Senat besteht aus alten, autoritären

Scheißern, die dem Ständestaat nachtrauern, oder Albertz und Duensing [der Polizeipräsident] sind Homos, oder – wer kann's besser! Was meint ihr – ob's diesmal reicht? Vielleicht sind Flugblätter eben doch das Falsche!«[129]

Solche auf jeden Fall, meinte Wolfgang Lefèvre, der in einem halbstündigen Referat den Ausschluß der ›K 1‹ begründete. Den Kommunarden warf er vor, sie hätten versäumt, »die ihnen zu Gebote stehende Einsicht in das Unsinnige« ihres Versuchs, die psychischen Auswirkungen der herrschenden Autoritätsstrukturen ohne Antasten der gesellschaftlichen Herrschaftsverhältnisse aufheben zu wollen, in »politisches Bewußtsein« zu transformieren. Die zur Debatte stehenden Flugblätter 1–5 zeigten im übrigen »deutlich das Schwanken zwischen grenzenloser Überschätzung der ›revolutionären Reife‹ des studentischen Bewußtseins und der völligen Hoffnungslosigkeit, sich überhaupt irgendjemandem verständlich machen zu können. Bemerkungen wie ›Was geht mich denn Vietnam an – ich habe Orgasmusschwierigkeiten‹ [Dieter Kunzelmann] zeigen, daß an die Stelle von Subjektivität Insistenz auf eine Unmittelbarkeit getreten ist, auf die sich auch ein am Vietnam-Krieg verdienender Rüstungsfabrikant berufen kann.«[130]

Bommi Baumann, der schon 67 dafür war, »daß man Bomben baut«, und darin einen »neuen Praxisbereich erkennt«,[131] sah das alles von einem anderen Standpunkt aus. Die Leute, die ihm Anfang 1967 beim SDS gefielen, waren »klar die Leute aus der K 1. Es waren auch die einzigen, die so'ne Musik gehört haben, die auch lange Haare hatten, im Gegensatz zu denen vom SDS, die sahen ja alle noch suspekt aus. Die K 1 war da genau die richtige Sache, die hatte 'ne klare Alternative vorzuweisen im Gegensatz zu allen anderen. Daß da mal irgenwann 'ne Revolution kommt, nützt dir im Augenblick nichts. Ich habe da einfach unheimlich viel Sachen neu abgecheckt und entdeckt, obwohl ich am Anfang echt nicht begriffen habe, was die im einzelnen so erzählt haben. Reich-Theorien, Zweierbeziehungen hin und her. Denn bei uns war das sowieso sehr einfach. Da haste mal mit der Braut gepennt, denn mal mit der, du warst sowieso immer hinter Bräuten her, und zu der Zeit sind dir soviel Bräute hinterhergerannt, daß du so ein Ding nie druff hattest. Wenn du lange Haare hattest und bist irgendwo hingekommen, da haben unheimlich viele Bräute auf dir gestanden, gerade die ganzen Fabrikmiezen. Die angepaßten Typen waren ja damals echt nicht gefragt, das war ja eine sehr günstige Zeit, war echt besser wie heute.« Deshalb konnte Bommi diese ganzen »Psychodramen«, die sich in der ›Kommune 1‹ abspielten, diese »richtig sadomasochistischen«, »ewigen Selbstkritiken und Anklagen gegen andere«, den ganzen psychischen und politischen »Leistungsdruck«[132] nicht nachvollziehen, auf »den Trip« ist er nie gegangen, denn »irgendwo hat mich das manchmal schon angeödet, das Gebrabbel da, weil es im Endeffekt auch nichts gebracht hat«.[133]

Aber »schön war es immer, wenn du Aktionen geplant hast, da war es immer richtig toll. Wenn die denn gelaufen sind, war immer 'ne große Freude im Haus. Da waren immer Späßchen drin, war immer lustig, immer ein Lacher drin. Da wurde richtig dran gebastelt, damit die Sachen den richtigen Stellenwert kriegen, und wenn's denn geklappt hat, war immer 'ne richtige Freude, wenn man nach Hause gekommen ist und hat es dann abends in der Abendschau noch gesehen.«[134]

Ein Jahr später, auf dem Höhepunkt der Revolte 1968, schrieb das von Hans Magnus Enzensberger 1965 gegründete ›Kursbuch‹ einen Wettbewerb zum Thema ›Konkrete Utopie‹ aus. Den ersten Preis erhielt dabei Géza Kirchknopf für seinen Beitrag ›Vom elastischen Familienverband zur Kommune‹.[135]

Die Kommune-Versuche sind gescheitert, aber sie haben nachhaltige Wirkungen entfaltet, von der Mythenbildung – zwischen ›maoistischem Liebesnest‹, ›Terrorzusammenhang‹ und ›Selbstverwirklichung‹ – bis zu den handfesten gesellschaftlichen Folgen: Tausende von Wohngemeinschaften, die aus den Fehlern lernen konnten (aber nur, weil vorher durch Fehler Breschen geschlagen wurden), durchbrochene Tabus, ›Privates‹ öffentlich zu machen, auch wenn vieles längst wieder ›instrumentalisiert‹, ›repressiv entsublimiert‹ (Marcuse) wurde, schließlich die Etablierung einer Tradition existentieller Revolte gegen jede Macht. Auch dem SDS waren die Aktionen der Kommunarden willkommen, »soweit sie den politischen Lernprozeß begünstigende pathologische Reaktionen der Administration hervorrufen«,[136] zur »Transformation des politischen Bewußtseins« beitragen. Eine solche Gelegenheit ergab sich für den 6. April 1967. An diesem Tag besuchte der Vizepräsident der Vereinigten Staaten von Amerika, Hubert H. Humphrey, jenes West-Berlin, dessen Freiheit auch im Napalmkrieg der USA in Vietnam verteidigt werde, so die Botschaft und die »gemeinsame Grundüberzeugung aller Demokraten«.

Einen Tag zuvor, am 5. April, nehmen Beamte der Abteilung I der Berliner Polizei elf Studenten, überwiegend Mitglieder der ›Kommune 1‹, fest. Die Polizeipressestelle gibt noch am selben Abend bekannt, die Studenten seien »unter verschwörerischen Umständen zusammengekommen« und hätten »hierbei Anschläge gegen das Leben oder die Gesundheit des amerikanischen Vizepräsidenten Hubert H. Humphrey mittels Bomben« geplant.[137] Am nächsten Tag wußte ›Bild‹: »Bomben und hochexplosive Chemikalien« – »Sprengstoffgefüllte Plastikbeutel als Mao-Cocktails«.[138] Als sich herausstellte, daß die hochexplosiven Materialien aus Pudding, Mehl, Joghurt und Rauchentwicklern bestanden, mit denen die Kommunarden ein Happening vorbereiteten, hatte die Horror-Story von den verhafteten Pudding-Attentätern ihren Weg um die Welt schon angetreten. Die ›Kommune 1‹ war zu dem ersehnten Weltruhm – nicht nur in der ›Abendschau‹ des ›Sender Freies Berlin‹ – gelangt, die Polizei bis auf die Knochen blamiert, weil sie Mehl nicht von Dynamit unterscheiden konnte, und die ›Öffentlichkeit‹ tobte: gegen »hirnverbrannte Verschwörer« (BILD), gegen »Diese Schande!« (BZ), selbst gegen Günter Grass und Hans Magnus Enzensberger, die aus unerfindlichen Gründen zu indirekten Mitverschwörern ernannt wurden.

Während seines Berlin-Besuchs wurde Humphrey dann an jeder Station seiner Rundreise von Anti-Vietnamkriegs-

Demonstranten empfangen. An manchen Stellen hielten sich mehr zivile ›Greifer‹ der insgesamt 10000 Mann starken Polizeitruppe auf als Protestierer. Anders als beim Besuch des früheren US-Präsidenten John F. Kennedy im Juni 1963, als Hunderttausende Berliner dem amerikanischen Gast und Beschützer zujubelten, zeigten diesmal nur wenige Bürger der Frontstadt, trotz Axel Springers eindringlichem Aufruf, »wie wir wirklich denken«, und überließen die Straßenpräsenz vorwiegend Polizei und Protestierern.

Am Schluß hatten doch noch einige Eier und Mehltüten den Wagen (der während des Tages mehrmals gewechselt wurde) des Vizepräsidenten erreicht, und die ›anständigen Berliner‹ waren ein weiteres Mal zutiefst empört. Weil die Demonstranten aber kaum, also nicht einmal ›formal‹, Gesetze verletzt hatten, konnte die Justiz nicht für die angemessene Genugtuung der ›ordentlichen Bürger‹ sorgen. Deshalb verlangten Presse und Parteien von den Universitätsverwaltungen, unter Anwendung des Disziplinarrechts »Störer von der Universität zu entfernen« und endlich »die Förderungswürdigkeit des SDS genau zu überprüfen«.[139]

Um seine Entschlossenheit zu demonstrieren, »überreichte der Regierende Bürgermeister während der Kuratoriumssitzung der FU am 12. April dem Rektor eine Liste mit Namen von Anti-Vietnam-Demonstranten, damit die ›Disziplinargerichtsbarkeit der Universität in Gang kommen‹ könne. Auf der gleichen Sitzung beschloß das Kuratorium, den Zuschuß der Universität zum Haushalt der Studentenschaft wegen der ›allgemeinen schwierigen Finanzlage‹ um 47700 DM zu kürzen.«[140]

Rudi Dutschke schrieb wenige Wochen später, im Mai 1967: »Wir führen die Auseinandersetzung mit dem Rücken an der Wand, ohne illusionäre Hoffnungen, aber wir führen sie permanent und haben die Überzeugung, durch die ununterbrochene Vermittlung von Aktionen und Aufklärungskampagnen unser ›Lager‹ der Anti-Autoritären vergrößern zu können. Wir sind dabei, die akademische Würde zu verlieren, und das ist gut so. Wir sind dabei, die akademische Würde zu verlieren und das ›Niveau der Geschichte‹ (Marx) zu gewinnen, das Niveau von Madrid, Barcelona, Berkeley und Caracas.«[141]

Am Morgen des 2. Juni 1967 stand die Sonne »fett und träg und reglos wie ein Schweißtropfen«[142] am Himmel Berlins. Ein heißer Sommer kündigte sich an über einer Stadt, die in diesem Frühjahr zur Stadt des Protests geworden war, während in Westdeutschland weitgehend noch die Ruhe der frühen sechziger Jahre herrschte. Berlin war das deutsche »Berkeley«. Zuletzt, am 31. Mai, hatte der Akademische Senat der ›Freien Universität‹ nach weiteren Konflikten innerhalb der Hochschule beschlossen, dem SDS die ›Förderungswürdigkeit‹ zu entziehen. Der Druck der politischen Spitze Berlins war erfolgreich gewesen. Zwischen rebellierenden Studenten und Staatsgewalt war jetzt tatsächlich ein ›Machtkampf‹ im Gange; eine Zeit der Pyrrhussiege kündigte sich an.

Plakat gegen den Schah

Angesichts des bevorstehenden Staatsbesuches des Schahs von Persien, Resa Pahlevi, und seiner Frau Farah Diba, des Lieblings der deutschen Regenbogenpresse, hatte sich unter den Verantwortlichen der Stadt an jenem sonnigen 2. Juni Nervosität ausgebreitet. Der Leiter des Presse- und Informationsamtes des Senats, Peter Herz, sagte mittags: »Heute können sich diese Burschen auf etwas gefaßt machen, heute gibt's Dresche.«[143] »Diese Burschen« – das waren die dreitausend Studentinnen und Studenten, die sich am

Staatsempfang für den Schah,
Schloß Augustusburg

Prügelperser,
2. Juni 1967

Abend des 1. Juni im Auditorium Maximum der Freinen Universität versammelt hatten, wo Bahman Nirumand und der Rechtsanwalt Hans Heinz Heldmann über ›Persien – Modell eines Entwicklungslandes‹ sprachen, über die brutale Ausbeutung und Unterdrückung eines ganzen Volkes auf dem Wege einer »Weißen Revolution« des Schahs, über die grausamen Foltermethoden des persischen Geheimdienstes SAVAK.

In den Mittagsstunden des 2. Juni setzte sich ein Demonstrationszug zum Rathaus Schöneberg in Bewegung, wo sich der Schah in das ›Goldene Buch‹ der Stadt eintrug. Dort kam es zu den ersten Zwischenfällen. Eine kleine Gruppe kaisertreuer ›Jubel-Perser‹ schlug mit Stahlruten und Holzlatten auf Demonstranten ein. Es gab mehrere Verletzte. Daneben, ungerührt zuschauend, eine Einsatzgruppe West-Berliner Polizei, die erst nach einigen Minuten Anlaß zum Eingreifen sah.

Zornig, wütend, voll Erregung über diesen Staatsgast, einen mit Orden und Schärpe behängten Folterknecht, sammeln sich viele Demonstranten noch einmal abends gegenüber der ›Deutschen Oper‹ in der Bismarckstraße. Dicht gedrängt stehen sie auf einem schmalen Bürgersteig, hinter ihnen umzäuntes Baugelände. Um 19 Uhr 56 fahren der Schah und seine Frau in einer langen Reihe von Staatskarossen vor. Bundespräsident Heinrich Lübke und der Regierende Bürgermeister Albertz begleiten das Kaiserpaar in eine Gala-Vorstellung von Mozarts ›Zauberflöte‹. »Mörder, Mörder!«-Rufe dringen ans Ohr der Staatsgäste; die Farbbeutel und Tomaten, auch einige Steine aus den Reihen der Protestierer können sie jedoch nicht erreichen. Rasch verschwindet das Kaiserpaar mit den anderen Exzellenzen und Magnifizenzen in der ›Deutschen Oper‹.

»Das war's«, dachten viele. Mehr schien nicht drin. Immer noch eher ohnmächtiger Protest als wirksamer Widerstand. Doch plötzlich springen, ohne jede Vorwarnung per Lautsprecher, Polizisten über die Absperrgitter und schlagen wie besinnungslos auf Zuschauer und Demonstranten ein. Keilförmig, von zwei Seiten angreifend, treiben die ›Sicherheitskräfte‹ des demokratischen Staates die Demonstranten in die Flucht. Die bis dahin nur wenigen, von Amts wegen Eingeweihten bekannte Aktion ›Füchse jagen‹ nimmt ihren Lauf. Bis zum Kurfürstendamm verfolgen Hunderte von Polizisten die wie um ihr Leben rennenden Demonstranten, während »zivile Greifer« unterwegs sind, um studentische ›Rädelsführer‹ festzunehmen. »Nehmen wir die Demonstranten als Leberwurst, nicht wahr, dann müssen wir in die Mitte hineinstechen, damit sie an den Enden auseinanderplatzt«,[144] beschrieb Berlins Polizeipräsident Duensing später auf einer Pressekonferenz die Taktik, mit der den Rebellen von Berlin eine Lektion erteilt werden sollte, die sie nie wieder vergessen würden. Ein Augenzeuge beschreibt das Ergebnis auf seine Weise: »Wie auf ein verabredetes Zeichen überstiegen die Polizisten die Barriere und schlugen wahllos auf die Menschenmenge ein. Es entstand eine Panik, bei der mehrere Menschen zu Boden gerissen wurden. Bei diesem Ansturm konnte ich beobachten, wie ein Polizist mit besonderer Brutalität vorging. Als zwei Photographen herankamen, um diesen und noch einen anderen Polizisten zu photographieren, schlugen beide Polizisten auf die Kameramänner ein und versuchten, die Kameras zu entwenden. Die Polizei trieb die Menge mit Gummiknüppeln in Richtung Kaiserdamm, man sah sich gezwungen, über Kommilitonen, die nicht so schnell aufstehen konnten, zu trampeln. Wer sich in Richtung Kaiserdamm bewegte, stieß auf Polizisten, die die Menge in entgegengesetzter Richtung zu treiben suchten, also in Richtung Krumme Straße. Ich habe gesehen, wie ein Polizist einem jungen Mann auf das rechte Auge schlug, so daß die ganze Gesichtshälfte blutüberströmt war. Dieser lief rückwärts und zeigte auf den Polizisten und rief dabei immer wieder: ›Der war es, der war es!‹ Der so bezeichnete Polizist schlug weiter mit unvergleichlicher Brutalität auf den ohnehin schon Blutüberströmten ein.«[145] Die meisten Demonstranten fliehen, ohne sich gegen die Schläge zu wehren. Der Schock des geplanten Polizeiüberfalls wirkt, die Rebellen werden überrascht. Auch der 26jährige Student Benno Ohnesorg ist auf der Flucht. Eine Augenzeugin sieht, wie »der Mann im roten Hemd mit dem Gesicht zur Krummen Straße im Garagenhof des Hauses Krumme Straße 67 hinter einem Volkswagen stand. In einer Hand hatte er ein weißes Tuch. Er versuchte offensichtlich, die Straße zu erreichen. Zwei uniformierte Beamte, die rechts und links in Höhe der hinteren Sitzreihe des VWs standen, mit Schlagstöcken in den Händen, versuchten, ihn daran zu hindern. Von hinten tauchte plötzlich ein uniformierter Beamter aus dem Dunkeln auf und schlug dem Mann im roten Hemd mit dem Schlagstock von hinten auf den Kopf. Der Getroffene sank langsam in sich zusammen, und nun kamen die beiden Polizisten, die erst rechts und links des VWs gestanden hatten, hinzu, und zu dritt schlugen sie auf ihn ein. Ich habe zwischen all diesen Geschehnissen einen Knall

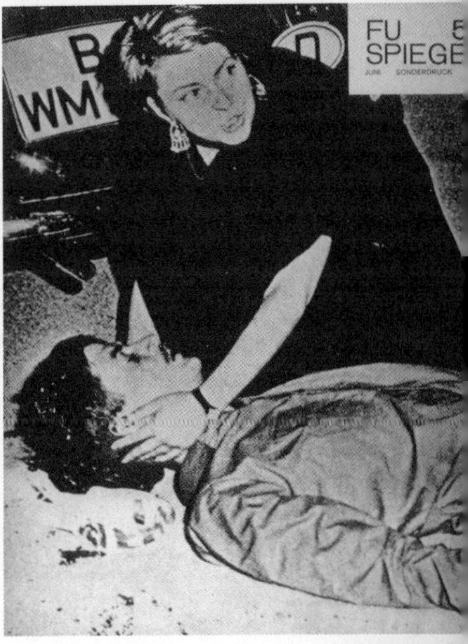

gehört, den ich aber nicht als Schuß deutete. Ich lief zu dem am Boden liegenden jungen Mann und bückte mich links von ihm zu ihm herunter. Als ich zu den Beamten hochblickte, sah ich, daß sie immer noch ihre Schlagstöcke in der Hand hatten, und bat sie leise: ›Nicht schlagen, bitte holen Sie die Ambulanz.‹ Seine Lippen bewegten sich, und ich nahm an, er wolle etwas sagen. Ich beugte mich herunter, konnte aber nur ein Röcheln vernehmen.«[146] Im ›Polizeiverlaufsbericht‹ vom 4. Juni, der nach der Obduktion von Benno Ohnesorgs Leichnam abgefaßt wurde, hieß es, daß bei der Festnahme eines ›Rädelsführers‹ im Hof Krumme Straße 67 »Demonstranten erheblichen Widerstand durch Fußtritte und Faustschläge« leisteten, durch die einige Polizeibeamte verletzt worden seien. »Aus einer Notwehrsituation heraus« sei es dann »seitens eines Beamten der Abteilung I zu einem Schußwaffengebrauch«[147] gekommen.

Polizeipräsident Duensing schilderte seine Begegnung mit dem Todesschützen, Polizeiobermeister Karl-Heinz Kurras, 39, kurz nach der Tat, als ihm von »abgegebenen Warnschüssen« berichtet wurde: »Da habe ich den Obermeister Kurras gesehen, ein Beamter, der noch unter einer gewissen Schockwirkung stand, und wo man auch nach dem Äußeren sehen konnte, nun, der ist also zweimal durch den Dreck gewälzt worden. Ich habe gesagt: ›Vom Dienst abtreten, Meldung erstatten, wie die Vorschrift lautet.‹«[148] Zur selben Zeit informiert ein Polizeibeamter den Abgeordneten Löffler, der vor dem Grundstück in der Krummen Straße steht. In der späteren Anklageschrift gegen Kurras heißt es darüber: »Der Beamte erklärte, daß er dem Schützen Vorhaltungen über den Schußwaffengebrauch gemacht habe, da der Demonstrant bereits durch drei Beamte fest im Griff gehalten worden sei und zum anderen der Schütze die anwesenden Polizeibeamten gefährdet habe.«[149]

Dennoch steht am nächsten Tag in den Zeitungen Berlins kein Wort über die Vorgänge im Garagenhof der Krummen Straße 67. Einzig die ›Berliner Morgenpost‹ veröffentlichte einen Satz, in dem das Wort »Schuß« auftauchte: »Ein Kriminalbeamter feuerte im wirren Tumult und in dem unübersehbaren Handgemenge einen Warnschuß ab.«[150] Das Gerücht, Kurras sei von ›Messerstechern‹ bedroht worden, machte die Runde in den Polizeirevieren; es war ebenso Produkt polizeilicher Projektion wie die umlaufenden Parolen in der Nacht des 2. Juni, Demonstranten hätten einem Polizisten die Kehle durchgeschnitten.

Unmittelbar nachdem bekannt geworden war, daß der Polizeieinsatz an der Deutschen Oper einen Toten gefordert hatte, ließ der Regierende Bürgermeister eine Erklärung über den Rundfunk verbreiten, die den Tenor der ›Sieger‹ des 2. Juni artikulierte: »Die Geduld der Stadt ist am Ende. Einige Dutzend Demonstranten, unter ihnen auch Studenten, haben sich das traurige Verdienst erworben, nicht nur einen Gast der Bundesrepublik Deutschland in der deutschen Hauptstadt beschimpft und beleidigt zu haben, sondern auf ihr Konto gehen auch ein Toter und zahlreiche Verletzte – Polizeibeamte und Demonstranten. Die Polizei, durch Rowdies provoziert, war gezwungen, scharf vorzugehen und von ihren Schlagstöcken Gebrauch zu machen. Ich sage ausdrücklich und mit Nachdruck, daß ich das Verhalten der Polizei billige und daß ich mich durch eigenen Augenschein davon überzeugt habe, daß sich die Polizei bis an die Grenzen des Zumutbaren zurückgehalten hat.«[151] Am Morgen des 3. Juni erschien die BILD-Zeitung mit der Schlagzeile »Blutige Krawalle: 1 Toter!« Im Kommentar auf Seite 1 leben die Gewaltphantasien der ›anständigen Berliner‹ auf: »Sie müssen Blut sehen. Hier hören der Spaß und der Kompromiß und die demokratische Toleranz auf. Wir haben etwas gegen SA-Methoden. Die Deutschen wollen keine braune und keine rote SA. Sie wollen keine Schlägerkolonnen, sondern Frieden. Und wer nicht friedlich demonstrieren kann, gehört ins Gefängnis.«[152] Und die ›BZ‹ triumphierte: »Wer Terror produziert, muß Härte in Kauf nehmen.«

Die Opfer werden zur Tätern. Das Schema funktioniert. Vorläufig. Senat und Springer-Presse lügen, daß sich die Balken biegen. Unter allen Umständen soll verhindert werden, daß die Wirklichkeit als Wahrheit erkannt wird: daß der Polizeiobermeister Kurras den längst am Boden liegenden, zusammengeschlagenen Studenten Benno Ohnesorg mit einem Schuß in den Kopf getötet, daß weder ein Hinterhalt von Demonstranten noch gar eine Notwehrsituation bestanden hat. Und daß die Berliner Polizei nicht etwa einen Staatsgast geschützt, sondern den Bürgerkrieg gegen eine

Glanz und Gala

Sonnabend, den 3. Juni 1967 – 15 Pf

Bild Zeitung BERLIN

Der Schah und Farah in Berlin

Blutige Krawalle: 1 Toter!

„20000 DM – und Sie sehen Timo"

Mörder Lehnert trieb mit den Eltern seines Opfers ein gemeines Spiel

Weiter letzte Seite

Wasserwerfer eingesetzt

Feuer auf dem Ku'damm

Dieser Polizist stand vor dem Wagen des Schahs. Ihn traf der Stein, der den Gast aus Persien treffen sollte. In Berlin gab es bisher Terror nur östlich der Mauer. Gestern haben bösartige und dumme Wirrköpfe zum erstenmal versucht den Terror in den freien Teil der Stadt zu tragen.

Demonstrieren JA! Randalieren NEIN!

Weitere Berichte über den Schah-Besuch auf den Seiten 2, 3 und 4.

revoltierende Minderheit geprobt hat. »Die abstrakte Furcht vor dem kommunistischen Umsturz, die zum Aufbau einer Polizeitruppe mit den Qualitäten einer Bürgerkriegsarmee geführt hatte, war zur konkreten Angst vor inneren Unruhen geworden. Die Polizei erhielt die Anweisung, das Zustandekommen Ansammlung in der Stadt zu verhindern. Der nicht erklärte, vorbeugende Notstand sollte die Erklärung des Notstands verhindern.«[153] Nicht einmal für eine spontane Trauerkundgebung auf dem Campus der ›Freien Universität‹ erhielt der AStA eine Demonstrationsgenehmigung. Die Polizei war ermächtigt, alle Demonstrationen zu zerstreuen, wo immer sie stattfinden sollten. »Nach Beendigung der Kundgebung formierten sich gegen 11 Uhr 30 rund 500 Studenten zu einem Zug, um auf den Bürgersteigen zum Rathaus Schöneberg zu marschieren. Fünf Einsatzkommandos der Polizei drängten die Demonstranten in eine Nebenstraße und riegelten die Straße zu beiden Seiten ab. Nach eingehender Beratung beschlossen die eingekesselten Studenten die Auflösung des Demonstrationszuges.«[154]

Als sich am Nachmittag des 3. Juni etwa 2000 Studenten mit schwarzen Armbinden, teils in Trauerkleidung, unter schwarzen Fahnen versammelten, fuhren Mannschaftswagen und Wasserwerfer der Polizei auf und verschwanden erst wieder, als sich die Studenten in Hörsäle zurückzogen. Selbst einzelne Personen wurden festgenommen, die einfach nur »dastanden«. Dieses Stehen, so wurde einem »normalen jungen Mann«, der sich auf dem John-F. Kennedy-Platz bloß umsehen wollte, vorgehalten, sei »für andere provozierend«, was zu einer »polizeiwidrigen Ansammlung« führen könne, die aber verboten sei. Trotz eines geschliffenen juristischen Disputs mit mehreren Beamten (bis zum örtlichen Einsatzleiter) wurde der junge Mann im neutralen Sakko festgenommen und abgeführt.

Gegen diese Front aus Polizei, Presse und politischer Administration entwickelt sich eine fieberhafte Aktivität an der Universität: teach-ins, Vollversammlungen, Bildung eines Ermittlungsausschusses, dem auch Rechtsanwalt Horst Mahler angehört, der die Witwe Benno Ohnesorgs vertritt;

ein Öffentlichkeitsausschuß, der auf dem Kurfürstendamm heftige Diskussionen mit Berlinern führt. Und natürlich Flugblätter, Plakate, Wandzeitungen. Während der Regierende Bürgermeister Albertz von Sicherheit und Ordnung, Demonstrationsverbot und Disziplinarrecht, Rädelsführern und Schnellgerichten sprach, breitete sich unter den Studenten in der Not ein Gefühl der Gemeinsamkeit aus, das aus der objektiven Schwäche subjektive Stärke entstehen ließ. Es gab keine Wahl: Jetzt mußte gesprungen werden. Ganz plötzlich waren die vorherigen Erfahrungen und die angelesenen Theorien von der Wirklichkeit, so schien es, überholt worden. Ein Repräsentant des ›demokratischen Rechtsstaats‹ hatte einen unbewaffneten Menschen erschossen, und die Mehrheit der Bevölkerung wie der ›demokratischen Öffentlichkeit‹ verteidigte nicht das Opfer, sondern den Täter. Die Vernunft und die Wahrheit, so glaubten nun viele, mußten gegen eine überwältigende Übermacht der Lüge und der Dummheit durchgesetzt werden. Ein schier aussichtsloses, aber um so faszinierenderes Unterfangen.

Für eine Woche übernahmen die Studenten an der FU in fast allen Fakultäten den ›Lehrbetrieb‹. In diesen Tagen wurde die Idee einer ›Kritischen Universität‹ geboren, die im kommenden Wintersemester Gestalt annahm: Vermittlung kritischer Wissenschaft mit politischer Wirklichkeit. Die Forderung des Augenblicks lautete: Gegenöffentlichkeit durch Gegeninformation. In allen Teilen Berlins durchbrachen die Studenten die Verbotsverfügungen des Senats der Stadt und diskutierten auf Straßen und Plätzen über das, was geschehen war. Der ›unerklärte Notstand‹ erwies sich als Notstandsübung der Polizei- und Sicherheitskräfte. Durch die demonstrative Nichtbeachtung des ›Polizeinotstands‹ wurde gerade seine Unverhältnismäßigkeit entlarvt, und der ›Sieg‹ vom 2. Juni wurde für die etablierte Macht immer teurer.

Für die rebellierenden Studenten galt das umgekehrte: »Die Schlacht an der Oper, der 2. Juni 1967, hatte eigentlich alle Merkmale einer Niederlage. Aber: Daß der Senat überhaupt es sich zum Ziel gesetzt hatte, die studentische Opposition zu vernichten, und dies mit allen Anzeichen militärischer Vorbereitung, das erst stellte uns unsere Macht vor Augen. Von da an gab es etwas zu verteidigen, was es vorher – im Nachkriegsdeutschland – noch nicht gegeben hatte: eine radikale Opposition. Hinzu kam noch, daß wir – zu unserem Entsetzen – über ein Propagandainstrument verfügten, das ›haltet den Dieb‹ schrie, bevor wir nur etwas geklaut hatten. Die BILD-Zeitung insbesondere legte uns auf die Revolution fest, als diese für uns noch ein historischer Begriff war; sie stellte das Chaos dar, als wir noch das formelle Recht auf Demonstration zu einem wirklichen machen wollten; sie beschwor den Umsturz der Verhältnisse, als wir *in* diesen Verhältnissen noch nach einer Chance für politische Selbsttätigkeit suchten. Die Realität, die wir in Bewegung brachten, konnten wir begreifen und uns damit von dem Begriff einer übermächtigen Realität freimachen.«[155] Obwohl die improvisierte Aufklärungskampagne der Studenten kaum unmittelbare Veränderungen der öffentlichen Meinungsbildung bewirkte – auf der Straße gab's manchmal sogar Prügel von braven Bürgern gegen Flugblattverteiler –, wuchs im Laufe weniger Tage in einigen Zeitungsredaktionen und vor allem westdeutschen Fernsehstudios die Einsicht, daß den offiziellen Verlautbarungen des Berliner Senats nicht unbedingt Glauben zu schenken war.

Die Solidarisierung der Studenten, denen ein Teil der Hochschullehrer zum ersten Mal Unterstützung im Protest gegen die Übergriffe eines Obrigkeitsstaates zukommen ließ, überraschte auch den Senat, der Stück für Stück den ›unerklärten Notstand‹ dementierte: Von ›Schnellgerichten‹ war keine Rede mehr (sie waren auch durch die Strafprozeßordnung gar nicht gedeckt), das »generelle Demonstrationsverbot« war plötzlich nur noch eine »gegenwärtige« Nichtgenehmigung von Demonstrationen »angesichts der Umstände«, und die Ankündigung verschärfter Disziplinarbestimmungen im neuen Hochschulgesetz erwies sich als Ente. Auf einer der zahlreichen öffentlichen Podiumsdiskussionen, die häufig von Rundfunk oder Fernsehen übertragen wurden, versuchte der Justizsenator das martialische

Gebaren des Berliner Senats zu relativieren: »Meine Damen und Herren, glauben Sie doch nicht, daß dieser Eindruck, der in der Öffentlichkeit entstehen mußte, mit Absicht erzeugt worden ist, und daß mit Absicht dieses Klima, das damit entstanden ist, vom Senat erzeugt werden sollte. Genau das Gegenteil ist richtig.«[156] Was richtig war, das sagten jetzt die Studenten, denen die liberale Presse – DIE ZEIT, die ›Frankfurter Rundschau‹ und der SPIEGEL – Zehntausende von Sonderdrucken zur kostenlosen Verteilung in Berlin zur Verfügung stellte. Daraufhin bot selbst die BILD-Zeitung dem Berliner SDS großherzig eine »öffentliche Stellungnahme« an. Umfang des publizistischen Sonderangebots: 40 Zeilen. Der SDS lehnte ab: »Wer in BILD schreibt, lügt mit.«[157]

Ganz ungebrochen meldete sich dagegen ›Volkes Stimme‹ zu Wort. In tausenden von gezeichneten und anonymen Briefen vor allem an den AStA der FU und den SDS artikulierte sich der Bodensatz jener ›anständigen Berliner‹, die angeblich nur in Ruhe und Frieden leben wollten: »Bei meinen Kollegen und Verwandten liegen ab sofort Hundepeitschen und Weichmacher bereit. Sollte sich ein Rowdy von Ihrer Sorte nochmals an unsere Türen wagen, dann machen wir Mus aus Euch Mistbande. Die Polizei war nämlich viel zu anständig zu Euch. Wir hätten gleich mit dem MG dazwischen gehalten, damit Euch Halunken ein für allemal die Lust am Radau vergangen wär, denn Euer Platz ist die Schulbank. Wir gehen ohne Waffe nicht mehr aus.«[158] »Mir graust, wenn ich daran denke, daß dieser Pöbel später mal die Führerschicht in unserem Vaterlande stellen soll. Hier fehlt ein Innenminister wie Hermann Göring, der mit den Ganoven aus dem Scheunenviertel [ehemaliges jüdisches Viertel in Berlin] spielend fertig wurde.«[159] »Ungeziefer muß man mit Benzin begießen und anzünden! Tod der roten Studentenpest! Die rote Studentenpest soll doch rübergehen.«[160] »Nur ein Student erschossen, das ist viel zu wenig. Durch den Ofen jagen, das ganze Pack!«[161] »Sehr geehrte Frau Ohnesorg! Der Tod Ihres Mannes kann noch einen Sinn haben, wenn es Ihnen gelingt, dem Kind, das Sie erwarten, klar zu machen, daß sein Vater ein Fehlentwickler war.«[162]

Ein paar Hundert Studenten, weit entfernt von gesellschaftlicher oder gar politischer Macht, gewappnet bloß mit nicht konsensfähigen Gedanken sowie Utensilien aus dem Theaterfundus und dem Arsenal der ›Pop-Happenings‹, ›terrorisieren‹ eine Zweimillionenstadt und rufen brutalste Gewaltphantasien ihrer Bürger hervor, die eine Generation zuvor noch mit derselben Geisteshaltung die »roten Halunken« in ganz Osteuropa »durch den Ofen jagen« wollten – die Frontstadt des ›freien Westens‹ bot ein gespenstisches Bild. Die parlamentarischen Repräsentanten dieser Bürger, die ›Volksvertreter‹ im Berliner Abgeordnetenhaus, formulierten ihre Grundüberzeugungen in der Debatte vom 8. Juni 1967 etwas differenzierter. Der SPD-Abgeordnete Theis bekannte in aller Öffentlichkeit: »Dort, wo aber Unbelehrbare sind, die nur immer glauben, eine gesellschaftliche Umschichtung durchführen zu müssen, diese Unbelehrbaren sollte man fernhalten, sollte man ausgliedern aus dieser Gemeinschaft und sie zurückgeben an die, von denen sie offenbar Aufträge haben.«[163] Der CDU-Abgeordnete Heinschke beendete sein staatsbürgerliches Glaubensbekenntnis mit den Worten: »Wenn der Blinddarm schmerzt, und wenn die Qualen nicht mehr auszuhalten sind, dann bleibt nichts anderes übrig, als ihn herauszuoperieren, wenn man das eigene Leben nicht riskieren will.«[164]

Am selben Tag wurde der Leichnam Benno Ohnesorgs, der schon aus dem gesunden Volkskörper »herausoperiert«

war, von fünfzehntausend Menschen in einem acht Kilometer langen Trauerzug zum ›Zehlendorfer Kleeblatt‹ geleitet, von wo aus der Sarg nach Hannover überführt wurde.

Am 9. Juni 1967, genau eine Woche nach dem tödlichen Schuß des Polizeibeamten Kurras, der sich auf freiem Fuß befindet, während der Kommunarde Fritz Teufel wegen eines angeblichen Steinwurfes vor der ›Deutschen Oper‹ in Untersuchungshaft sitzt, wird Benno Ohnesorg in Hannover begraben. Noch einmal versammeln sich über zehntausend Menschen, überwiegend Studenten, auf dem Friedhof. Nach dem Begräbnis beginnt ein Kongreß mit dem seltsam unprätentiösen Titel ›Hochschule in der Demokratie‹. Über siebentausend Studenten, Professoren, Gewerkschaftsmitglieder und andere, die der 2. Juni aufgeschreckt hatte, waren gekommen, um über Bedingungen und Organisation des Widerstandes nach den Berliner Ereignissen zu reden. Professor Jürgen Habermas, Repräsentant der ›Kritischen Theorie‹ in der Tradition Horkheimers und Adornos, war ebenso erschienen wie sein Frankfurter Intim-Gegner, der SDS-Theoretiker Hans-Jürgen Krahl, und Rudi Dutschke, der die Gelegenheit nutzte, um auch eine theoretische Kontroverse mit Habermas zu führen. Der lobte zwar die Rolle der studentischen Proteste, die »politische Ereignisse, welche zum innenpolitischen Hausgebrauch als Konsumware abgepackt wurden, in die theoretische Perspektive hereingerückt haben, ohne die sie als politische Ereignisse überhaupt nicht begriffen werden könnten«,[165] und nannte die Aufklärung über Persien und den Vietnamkrieg der USA als »überzeugende Beispiele«, beharrte aber auf der Einschätzung, daß alle »demonstrative Gewalt« des Protests nur durch das »Ziel der Aufklärung« legitimiert sei, die die »Sensibilität für die Unterdrückung und für die Verletzung, auch für die Verletzbarkeit des Menschen zu einer politischen Kategorie erhebt«.[166] Für eine »revolutionäre Perspektive« sah er keinen Raum. Ganz anders Rudi Dutschke, der überzeugt war, daß »die materiellen Voraussetzungen für die Machbarkeit unserer Geschichte gegeben« seien: »Die Entwicklung der Produktivkräfte hat einen Prozeßpunkt erreicht, wo die

Abschaffung von Hunger, Krieg und Herrschaft materiell möglich geworden ist. Alles hängt vom bewußten Willen der Menschen ab, ihre schon immer von ihnen gemachte Geschichte endlich bewußt zu machen, sie zu kontrollieren, sie sich zu unterwerfen, das heißt, Professor Habermas, Ihr begriffsloser Objektivismus erschlägt das zu emanzipierende Subjekt!«[167] Am Ende seiner nahezu dreiviertelstündigen Rede ruft Dutschke zur Praxis des »bewußten Willens« auf, zur Bildung von »Aktionszentren« wie in Berlin, die »koordinierte politische Aktionen« in der ganzen Bundesrepublik mobilisieren sollen: »Wir haben die Hoffnung, daß diese räteartigen Gebilde in den nächsten Tagen gegründet werden, denn die rationale Bewältigung der Konfliktsituation in der Gesellschaft impliziert konstitutiv die Aktion, wird doch Aufklärung ohne Aktion nur zu schnell zum Konsum, wie Aktion ohne rationale Bewältigung der Problematik in Irrationalität umschlägt.«[168] Nach großem Beifall für den SDS-Tribunen, der wie kein anderer die Rhetorik der Revolte beherrschte und verkörperte, begann sich die Versammlung – es ging schon gegen Mitternacht – aufzulösen. Da trat noch einmal Professor Habermas, der schon zur Abfahrt bereit in seinem Auto gesessen hatte, ans Mikrophon und stellte in Form einer These jene »Frage« an den inzwischen hastig abgereisten Rudi Dutschke (die ›Aktion‹ drängte), die zum Dreh- und Angelpunkt der Revolte schlechthin werden sollte: Was heißt ›Widerstand‹ und welche politische Perspektive beansprucht er? In den Worten des Soziologieprofessors: »Warum braucht er eine Dreiviertelstunde, um eine voluntaristische Ideologie hier zu entwickeln? Er hat eine voluntaristische Ideologie hier entwickelt, die man im Jahr 1848 utopischen Sozialismus genannt hat und die man unter heutigen Umständen – jedenfalls ich glaube, Gründe zu haben, diese Terminologie vorzuschlagen – linken Faschismus nennen muß. Ich hätte gern geklärt, ob er nun willentlich die manifeste Gewalt herausfordert nach den kalkulierten Mechanismen, die in diese Gewalt eingebaut sind. Es gibt eine progressive Rolle der Gewalt. Aber ich meine, daß in einer Situation, die weder objektiv revolutionär ist, noch in einer Situation, nachdem eine Revolution gewonnen ist, es eine subjektive Anmaßung ist für Studenten, die nichts anderes als Tomaten in den Händen haben können, eine Strategie vorzuschlagen, die darauf angelegt ist, eine sublime Gewalt, die notwendig in Institutionen impliziert ist, manifest werden zu lassen.«[169]

Die Empörung vor allem unter den SDS-lern war groß. »Linker Faschismus«, das war starker Tobak, und natürlich war der Verdacht schnell bei der Hand, der Professor wolle im Namen eines theoretischen Einwands die Perspektive der ›direkten Aktion‹ desavouieren, den Vorwärtsdrang der Revolte stoppen und in ›bürgerliche‹ Bahnen lenken. In der Aufregung und dem allgemeinen Aufbruch konnte das vorbereitete Schlußkommuniqué nicht mehr verabschiedet werden. Darin wurden der Rücktritt des Regierenden Bürgermeisters Albertz, des Innensenators Büsch und des Polizeipräsidenten Duensing gefordert – darüber hinaus die Einsetzung eines parlamentarischen Untersuchungsausschusses, die Aufhebung des Demonstrationsverbots und die sofortige Freilassung Fritz Teufels. An die Berliner und westdeutschen Studenten erging der Appell, für ihre »demokratischen Rechte« zu kämpfen und »Aktionsgruppen« zu bilden, um die »verfestigten politischen Verhältnisse in Bewegung« zu bringen. Zum guten Schluß wurde die »Enteignung des die politische Meinungsbildung monopolistisch beherrschenden Springer-Konzerns« auf die Tagesordnung der aktuellen Kämpfe gesetzt. Auch wenn in den folgenden Tagen und Wochen immer noch Berlin das Zentrum der Rebellion blieb, war der Funke doch schon auf Westdeutschland, dort zunächst im universitären Milieu, übergesprungen. Die scheinbare Ruhe der sechziger Jahre war endgültig dahin.

Am 12. Juni genehmigte der Berliner Senat zum ersten Mal wieder – für zwei Stunden – eine Demonstration, allerdings mit der Auflage, für je 50 Demonstranten einen Ordner zu stellen. Diese »konzessionierte Demonstration«, wie der SDS spottete, verwandelten die 4000 Teilnehmer in ein absurdes Theater: Je fünfzig ›Ordner‹ mit Armbinden und

fiktiven »Dienstnummern« kamen auf einen Demonstranten, der ein entsprechend beschriftetes Schild in Händen hielt. Mittendrin die »Kommune 1« in weißen Gewändern, deren Plakate verkündeten: »Radikalinskis aller Länder, tut Buße!« Immer wieder warfen sich die Kommunarden auf die

Straße und riefen in mittelalterlicher Flagellantenmanier: »Wir wollen nie mehr einen Polizisten erstechen! Wir zünden auch nie wieder ein Kaufhaus an! Wir wollen nie wieder Tomaten werfen!«[170] Mit Parolen wie »Heinrich, mir graut vor dir« oder auch »Albertz, wo ist dein Bruder Ohnesorg?« umgingen die »Ordnerdemonstranten« auch eine weitere Auflage: Die politische Spitze Berlins durfte »nicht beleidigt« werden. Da auch die dritte Auflage, nicht die »Grünanlagen am Theodor-Heuss-Platz zu betreten«, nicht verletzt wurde, mußte sich die Berliner Polizei auf die Regelung des Verkehrs beschränken, der trotz vorheriger Befürchtungen keineswegs »zum Erliegen« kam: »Ein neuer Anfang von seiten der Studenten ist gemacht. Ulk artete nicht in Krawall aus, das läßt für die Zukunft hoffen«, konnten die braven Berliner am nächsten Tag in einer ihrer Lieblingszeitungen lesen. Das genau war die »Berliner Luft« in jenen Tagen: Die Studenten mußten ihre Friedfertigkeit »beweisen«, und was als bittere Satire auf die »konzessionierte Demokratie« gemeint war, wurde als »neuer Anfang« ordentlichen, wenn auch ›ulkigen‹ Betragens verstanden. Überschrift: »Studentenkabarett unter dem Funkturm.«[171]

Ganz ernsthaft hielt das Berliner Kammergericht allerdings Fritz Teufel weiter in Untersuchungshaft, obwohl 24 Zeugen bereit waren, den Vorwurf zu entkräften, Teufel habe am 2. Juni vor der Deutschen Oper einen Stein geworfen. Doch sie wurden erst gar nicht vernommen, weil ohnehin klar sei, daß deren »Bekundungen nicht geeignet« seien, den »dringenden Tatverdacht gegen Teufel auszuräumen«, so der Erste Strafsenat des Kammergerichts am 3. Juli 1967. Im August mußte das Gericht diesen offenbaren Widersinn wieder zurücknehmen und ordnete eine Aussetzung der Untersuchungshaft bis zur Gerichtsverhandlung unter Aufrechterhaltung des Haftbefehls an. Der lautete weiterhin auf

»Freuden-Happening« der K 1 nach der Haftentlassung von Fritz Teufel
oben links Andreas Baader, in der Mitte Rainer Langhans in Frauenkleidern
mitte links Uwe Bremer, Rudi Dutschke *mitte rechts* vor der Gedächtniskirche
unten Fritz Teufel (mit Blumen), Dieter Kunzelmann (mit Regenschirm)

RADIO
CINZA

»Landfriedensbruch« und »Rädelsführerschaft«. Weil Teufel der Berliner Justiz das Alibi eines ›rechtsstaatlichen‹, gar liberalen Vorgehens nicht liefern wollte, mißachtete er die Auflage, sich zweimal wöchentlich auf »seinem« Polizeirevier zu melden. Eine Woche nach seiner Haftentlassung erschien er in Ketten und mit roten Nelken vor dem Moabiter Untersuchungsgefängnis und bat um »Einlaß«. Voller Nervosität beriet die Gefängnisleitung über angemessene »Maßnahmen«, während ein Sprecher der »Justizvollzugsanstalt« gequält mitteilte: »So einfach, wie Herr Teufel sich das vorstellt, ist es nicht, ins Gefängnis zu kommen.«[172]

Es war dann doch nicht allzu kompliziert, Fritz Teufel bis zum 1. Dezember in Haft zu behalten. Drei Wochen später, am 22. Dezember 1967, wurde er freigesprochen. Die Polizeizeugen hatten sich auf Befragen der Verteidigung in heillose Widersprüche über den »Tathergang« verwickelt, und die »Rädelsführerschaft« beim Landfriedensbruch brach in sich zusammen. Auch eine Verurteilung wegen »einfachen Landfriedensbruchs« (ohne Steinwurf) wollte das Kammergericht nicht mehr aussprechen, nachdem siebenhundert Selbstanzeigen Berliner Studenten wegen desselben Delikts eingegangen waren. Angesichts der drohenden Verfahrenslawine zog sich das Gericht auf die Feststellung zurück, es liege kein Beweis dafür vor, daß »die Gewalttätigkeiten aufgrund einer ›psychischen Grundhaltung‹ aus der Zusammenrottung heraus begangen«[173] worden seien.

Am ersten Verhandlungstag gegen Fritz Teufel, am 27. November, hatten noch zweitausend Demonstranten vor dem Gerichtsgebäude gerufen »Treibt Moabit den Teufel aus!« Als eine Gruppe von SDS-Mitgliedern, Rudi Dutschke vorneweg, versuchte, eine Polizeiabsperrung zu durchbrechen, kam es zu schweren Auseinandersetzungen mit der Polizei, die mit ihren Schlagstöcken zum Teil vom Pferd herunter prügelte. Die »Stürmung des Justizpalastes« endete in vielen Festnahmen und späteren Verurteilungen. Dutschke konnte nicht zuletzt wegen seiner leichtathletischen Vergangenheit einem ›Greiftrupp‹ entkommen, die Fotos vom untergehakten, zur Tat entschlossenen »Gewalttäter« Dutschke in den Zeitungen verstärkten jedoch den Nimbus des »roten Rudi« als Rädelsführer der Krawallmacher.

Eine Woche zuvor war der 39jährige Kriminalobermeister Karl-Heinz Kurras durch die 14. Große Strafkammer des Berliner Landgerichts vom Verdacht der fahrlässigen Tötung des Studenten Benno Ohnesorg freigesprochen worden, weil ihm nicht nachgewiesen werden konnte, »daß er in seiner Situation und bei seinen individuellen Fähigkeiten anders hätte handeln und damit die Abgabe des Schusses hätte vermeiden können«.[174] Die »Kritik- und Urteilsfähigkeit des Angeklagten« sei zur Tatzeit »erheblich beeinträchtigt« gewesen, meinte das Gericht in seiner mündlichen Urteilsbegründung, während Kurras selbst im Juli 1967 in einem Interview mit der Illustrierten »stern« seine Treffsicherheit rühmte: »Wenn ich gezielt geschossen hätte, wie es meine Pflicht gewesen wäre, wären mindestens 18 Mann tot gewesen. Ich schieße mit der Linken genausogut wie mit der Rechten. Ich brauche beim Schießen nicht einmal ein Auge zuzukneifen.«[175]

Bereits am 26. September 1967 war der Regierende Bürgermeister Albertz von seinem Amt zurückgetreten, einige Tage vorher Innensenator Büsch. Auch Polizeipräsident Duensing kehrte aus seinem »Zwangsurlaub« nicht mehr zurück. Ein Erfolg der studentischen Opposition? Nicht ausschließlich und nicht unmittelbar, denn Duensing und Büsch wurden zwar aufgrund des Berichts des parlamentarischen Untersuchungsausschusses in die Wüste geschickt, Albertz aber »ging im personalpolitischen Clinch des rechten SPD-Flügels der Atem aus«:[176] Ein gutes halbes Jahr nach dem 2. Juni 1967 war in West-Berlin wieder alles beim alten. Die Stadt hatte einen neuen Regierenden Bürgermeister, einen neuen Senator für Inneres, einen neuen Polizeipräsidenten, die Rektoren hatten gewechselt, ein Oberstaatsanwalt war abgelöst worden. Kurz, es hatte sich nichts geändert. Von 92 Verfahren gegen Polizeibeamte wegen ihres Verhaltens beim Einsatz vor der Deutschen Oper waren 82 eingestellt worden.

Einem Regierenden Bürgermeister, der erkannt hatte, daß er am schwächsten gewesen, als er am stärksten war, und der darum gehen mußte, folgte einer, der den Landesparteitag seiner Partei wissen ließ, Teilnehmer verbotener Demonstrationen müsse man »aus dem Wege räumen«, auch wenn unter ihnen Delegierte dieses Parteitags seien. Dieser Stadtvater ist – wie Erich Kuby mitteilt (Stern 8/1968) – auch der Meinung, ein »Berlin ohne Universität, aber mit einer Bevölkerung, die in Ordnung zu halten ist«, könne noch leben; aber ein Berlin mit einer radikalisierten Bevölkerung sei eine Gefahr für das Ganze. »Auf die Studenten kann ich notfalls verzichten.«[177]

Herbert Marcuse, Philosophieprofessor aus Berkeley, hielt dagegen die »Studentenopposition« für ganz unverzichtbar, für »einen entscheidenden Faktor der Veränderung«, der »vielleicht einmal zu einer revolutionären Kraft werden kann«.[178] Vom 10. bis zum 13. Juli 1967 diskutierte er mit den Berliner Studenten über Moral, Politik, Vietnam und die Gewalt. Der Frankfurter SDS-Denker Hans-Jürgen Krahl stellte Marcuse die Gretchenfrage: »Wie ist es möglich, eine materiell-manifeste Gewaltlosigkeit zu organisieren im Hinblick auf eine Bürokratie, die selbst in toto in diesem System zu einer suprakonventionellen Waffe wird? Wie ist es möglich, eine waffenlose Opposition mit konkret revolutionärem, gegengewaltigem Anspruch darzustellen?«[179] Marcuse antwortete, es gebe keine »allgemeine Organisierbarkeit« solcher Gewaltlosigkeit, da die Drohung der institutionalisierten Gewalt stets gegenwärtig sei, die man gleichwohl zu vermeiden trachten solle: »Wenn wir die bürgerlichen Freiheitsrechte in der Demokratie verteidigen, verteidigen wir in der Tat Rechte des Bestehenden. Aber leider ist das zu einfach. Die Polizei und die Anweisungen an die Polizei sind auch bestehendes Recht, sind auch positives Recht. Im allgemeinen können wir sagen: Wir sind diejenigen, die die Demokratie verteidigen. Das ändert nichts an der Tatsache, daß im selben Atemzug wir zusetzen müssen, daß wir uns dessen voll bewußt sind, daß wir positives Recht verletzen, und daß wir glauben, die Berechtigung zu haben, dieses positive Recht zu verletzen.«[180]

Die Fragen des Widerstandsrechts und seines Verhältnisses zum Naturrecht, das Problem der Dialektik von gewaltloser Provokation und gewalttätiger Reaktion der staatlichen Institutionen, die völlig ungeklärte Frage, wie sich eine Minderheit gegenüber einer Bevölkerungsmehrheit verhalten soll, die die Einschränkung von Demokratie für die einzig denkbare Form von Demokratie hält, sämtliche Irritationen also über Theorie und Praxis, Strategie und Taktik der gerade erst geborenen antiautoritären Bewegung mußten auf eine eindeutige Lösung vorerst verzichten, weil die Revolte keinen Aufschub duldete.

Am 28. November 1967 meldete die Deutsche Presse-Agentur (dpa) unter der Überschrift »Dutschke fordert in Bremen zu ›revolutionären Aktionen‹ auf«: »Das Mitglied des 16köpfigen Führungsgremiums des Berliner Sozialistischen Deutschen Studentenbundes (SDS), Dutschke, hat in der Nacht zum Dienstag die Bremer Jugend aufgefordert, Arbeitskreise zu bilden und Ansatzpunkte für ›revolutionäre Aktionen‹ zu suchen. Dutschke sprach vor knapp tausend jungen Bremern im Kellerlokal ›Lila Eule‹. Er schlug vor, den Hafen zu untersuchen, da höchstwahrscheinlich auch Bremen zu den europäischen Häfen gehöre, in denen Güter nach Vietnam umgeschlagen würden. Nach seiner Meinung wäre es eine ›ungeheure Hilfe‹ für den Vietcong in Vietnam, wenn auch unter den Hafenarbeitern Hilfsgruppen gebildet werden könnten.«[181] Vier Wochen später war sein Auditorium in Berlin weit weniger aufgeschlossen als in der ›Lila Eule‹: »Als an Weihnachten 1967 einige Studenten mit Vietnam-Transparenten den Mitternachtsgottesdienst in der Kaiser-Wilhelm-Gedächtniskirche besuchen, von gestörten und empörten Mitchristen gewaltsam hinausgedrängt werden, Gottesdienstbesucher Dutschke aus der zweiten Reihe auf die Kanzel stürzt und zu versöhnen und erklären sucht, von anderen Gottesdienstbesuchern heruntergeholt und unsanft zum Ausgang geschoben wird, bringt ihm ein Kriegsveteran – mit seinem ›Mensurarm‹ und mit Hilfe seiner Krücke – eine Platzwunde am Kopf bei. Dutschke schlägt nicht zurück – nicht nur, weil das haßverzerrte Gesicht das Gesicht eines Kriegsversehrten ist.«[182]

Da war wieder das »Problem der Gewalt in der Opposition«, das auch Professor Marcuse nicht abschließend klären konnte. In Vietnam verbrannten Kinder durch amerikanische Napalmbomben, und Christen in West-Berlin fühlten sich durch Transparente im Weihnachtsgottesdienst in ihren Empfindungen derart verletzt, daß sie handgreiflich wurden. »Die Spannung zwischen dem abstrakt-moralischen Protest und der Unmöglichkeit, durch diesen Protest den Krieg gegen das vietnamesische Volk zu beenden, mußte von uns ausgehalten werden«,[183] schrieb Rudi Dutschke Monate später, »aber diese Wut gegen den US-Imperialismus, gegen den Verrat an unseren Idealen, die auch einmal die Ideale der Bürgerlichen waren, war noch kein zielbewußtes Erarbeiten für die Vernichtung des Gegners«.[184] Das war auch nicht gerade die Sprache des Pazifismus; es war die Sprache eines Kriegers im Kampf für den »ewigen Frieden«, das Ergreifen der »materiellen Möglichkeit«, alle bestehenden Macht- und Herrschaftsstrukturen zugunsten einer wahrhaft menschlichen Gesellschaft abzuschaffen, Geschichte als bewußten Prozeß der Menschen ins Recht zu setzen. Der Kampf darum, so dachte Dutschke, hatte gerade erst, nun aber endgültig begonnen. Voller Enthusiasmus hatte er schon am 17. Juni 1967 in sein Tagebuch notiert: »In der Nacht durch E. einen äußerst guten Bericht über die Fortführung der Revolution in Kuba gehört. ›Aktionskomitees‹ bis in die Straßen hinein, getragen von den bewußten Massen. Fidel [Castro] ist einmal pro Woche in der Universität für stundenlange Diskussionen über den Weg der Revolution. Che [Guevara] lebt und arbeitet in Bolivien; die dritte Front ist errichtet, das heißt, es existieren dort 200 voll ausgebildete Guerillas. Das ist sehr viel!! Kämpfen schon mit Raketenwaffen!! Die Vietcong haben solche Waffen erst vor kurzem erhalten.«[185]

In dem legendären ›Organisationsreferat‹, das Rudi Dutschke als Gemeinschaftsproduktion mit Hans-Jürgen Krahl auf der 22. Delegiertenkonferenz des SDS im September 1967 in Frankfurt vortrug, ist aus der Bewunderung ein »strategisches Konzept« für die antiautoritäre Bewegung geworden. Weil das »gigantische System von Manipulation«, das alle ökonomischen und sozialen Widersprüche durch eine »globale Eindimensionalisierung« entschärfe, das allgemeine Bewußtsein bestimme, seien »die Massen« nicht mehr »aus sich heraus fähig, sich zu empören«. Nur »revolutionäre Bewußtseinsgruppen« könnten aufgrund ihrer »spezifischen Stellung im Institutionswesen« – eine extrem akademische Bezeichnung des Tatbestands, daß Studenten mehr Zeit und Raum zum Denken und zur Empörung haben – noch Aufklärung durch »sinnlich-manifeste Aktion« leisten. Den »passiven und leidenden Massen« müsse durch »sichtbar irreguläre Aktionen die abstrakte Gewalt des Systems zur sinnlichen Gewißheit« werden: »Die ›Propaganda der Schüsse‹ (Che) in der ›Dritten Welt‹ muß durch die ›Propaganda der Tat‹ in den Metropolen vervollständigt werden. Der städtische Guerillero ist der Organisator schlechthinniger Irregularität als Destruktion des Systems der repressiven Institutionen. Die Universität bildet seine Sicherheitszone, genauer gesagt, seine soziale Basis, in der er und von der er den Kampf gegen die Institutionen, den Kampf um den Mensagroschen und um die Macht im Staate organisiert.«[186]

Diese Thesen lösten heftige Kontroversen innerhalb des SDS aus, den die Ereignisse nach dem 2. Juni selber überrollt hatten: »über uns ist die Bewegung hereingebrochen, sagen wir es deutlich«.[187] Plötzlich war er zur ›Avantgarde‹ einer Bewegung geworden, die einerseits als die langerwartete ›Praxis‹ gesellschaftskritischer Theorie, andererseits als unmittelbare Überforderung einer bürgerlichen Studentenorganisation erschien. Noch immer herrschte bei öffentlichen Anlässen die Anrede »Meine Damen und Herren!« vor und nicht das »Genossen«-Wort. Als Rudi Dutschke und Hans-Jürgen Krahl nun »das Problem der Organisation als Problem revolutionärer Existenz«[188] formulierten, machten sich zum ersten Mal – mitten in der Revolte – die beiden SDS-Flügel bemerkbar (die ein gutes Jahr später explosionsartig wachsen sollten): der ›antiautoritäre‹ und der ›traditionalistische‹. Während der letztere in der Tradition der alten KPD stand, für eher strikte Organisation und mit einem klassischen Begriff von der zu erringenden Macht der ›Arbeiterklasse‹, so versuchten die ›Antiautoritären‹, offensiv und teils »aktionistisch« auf die Veränderungen im »Spätkapitalismus« zu reagieren: den Durchbruch zur »sinnlichen Erfahrung« der im »Verblendungszusammenhang« abstrakt gewordenen Gewalt zu wagen und so den »konkreten Prozeß der Befreiung« in Gang zu setzen.

Die Kampfbegriffe der Revolte – entlarven, sprengen, direkte Aktion – reflektierten, neben den unmittelbaren Bedürfnissen, die in allen Emanzipationsbewegungen bestimmend werden, den gesellschaftlichen Grad der bürokratisierten Entfremdung und verwalteten Anonymität, der jede traditionell linke Partei- und Gewerkschaftspolitik zum hoffnungslosen Anachronismus werden ließ. Gleichzeitig sprengten die Antiautoritären so ungestüm voran, daß ihnen der Abgrund zwischen den »passiven und leidenden Massen« und dem erfolgreichen »Kampf um die Macht im Staate« nur mehr als Organisationsfrage »revolutionärer Existenz« erschien. Die Guerilla-Metapher hätte sie stutzig machen müssen. Denn sie war vorläufig nur als Metapher gemeint: für die Organisation der Irregularität als Destruktion... Aber Imagination und Realität vermischten sich in diesen Tagen oft derart, daß die Rhetorik der Wünsche tatsächlich die Wirklichkeit zu beschreiben und anzutreiben schien, obwohl eine wirklich »revolutionäre Situation« in

Abschlußdemonstration des Vietnam-Kongresses,
18. Februar 1968

HELL NO WE WON'T GO!
Wüste

weiter Ferne blieb. Doch auch die ›Herrschenden‹ bewiesen mit ihrer Art von Realitätsauffassung große Einbildungskraft: Sie sahen auch da noch den Umsturz am Werk, wo die Akteure selber gar nichts ahnten.

Im Februar 1968 drohte das Gemisch zu explodieren. »Es war in den Tagen vor dem Internationalen Vietnam-Kongreß, mit dem Dutschke, wie oft in unvermittelten historischen Analogien denkend, an die Kongreß-Politik Willi Münzenbergs (KPD) anknüpfen wollte, der im spanischen Bürgerkrieg die europäischen Links-Intellektuellen in das eingekesselte Madrid, auch nach Paris gerufen hatte, um gemeinsamen Protest gegen faschistischen Terror zu manifestieren: des Freundes Gollwitzer ›Vietnam ist das Spanien unserer Generation‹ war noch im Ohr. Es war in den Tagen vor diesem ambitionierten Projekt, als die Gewalt-Frage sich in neuen Dimensionen stellt: Moralischer und zeitlicher Druck werden als nicht mehr erträglich empfunden, mit ihnen bekommen die Aktionen und Aufklärungsfeldzüge fiebrige Züge. Es brodelt in Berlin: Eine Desertionskampagne, gerichtet auf US-GIs, hat angefangen; eine große Demonstration als Höhepunkt des Kongresses wird vom Senat verboten; Dutschke erklärt der Presse im kurz zuvor gegründeten ›Republikanischen Club‹, sie werde auch ohne Genehmigung stattfinden, für Disziplin der Massen werde man selbst sorgen, Steinewerfer würde man als agents provocateurs festnehmen; die Demonstration wird im letzten Augenblick legalisiert: dank Bischof Kurt Scharf, Günter Grass und Verwaltungsgericht; am Ende einer Vorbereitungsveranstaltung zu einem Springer-Hearing – Rudolf Augstein und Gerd Bucerius hatten Dutschke, Enzensberger und Peter Schneider Hilfe zugesichert –, zeigt Holger Meins (späteres Mitglied der Roten Armee Fraktion, das man im Gefängnis verhungern lassen wird) einen selbstproduzierten Fünf-Minuten-Film über die Herstellung von Molotow-Cocktails. Dessen letzte Einstellung: das Springer-Hochhaus an der Berliner Mauer: In der folgenden Nacht werden die Scheiben einiger Springer-Filialen eingeworfen. Alle (links-)liberalen Professoren und Publizisten (außer

Kogon und Kuby) sagen ihre Teilnahme am geplanten Hearing sofort ab. Springer läßt in einem Schlagzeilenrachefeldzug SDS-ler mit SA-Leuten vergleichen.«[189] Eines verschwieg allerdings der Pressezar Axel Springer: Auch der renommierte Komponist Hans Werner Henze warf in jener Nacht seinen ersten Stein. Es gab Hunderte und Tausende von »Initiationshandlungen« mit langer Vorgeschichte – Befreiungsschläge des Augenblicks. Nicht Vietnam, Griechenland, Spanien oder Springer trieben viele zu den Demonstrationen, es war ein physisch spürbares Bedürfnis nach Aufruhr, das sich Bahn brechen wollte.

»Bernd stand in der Nacht im Strom Hunderter auf dem Ku'damm, sah die Polizisten vor den Demonstranten davonlaufen, hörte Fensterscheiben klirren, Bauwagen standen quer über die Straße gezogen, irgendwo brannte es, zwischen den Reihen rannte immer wieder der kleine drahtige Genosse mit dem Bürstenschnitt wie im Untergrund des Demonstrationszuges. Die anderen kannten ihn um seiner Fertigkeit willen, über dreißig Meter mit einem faustgroßen Stein eine Straßenlaterne zu treffen. Alle hatten das Gefühl: Wir werden siegen, wir werden viele sein, die Straßen gehören uns, die Stadt gehört uns! Nirgends Angst, nirgends Furcht oder Beklemmung, es gab keine Bremse in diesen explosiven Zügen von Gewalttätigkeit und Siegesrausch. Bernd dachte im Vorwärtsstürmen: Das muß so etwas Ähnliches sein wie Befreiung, Chaos. Das war es, was ihm ungeahnte Kraft und Energie verschaffte, auch eine Blindheit vor der Polizei mit dem Gefühl ›mir kann keena‹! Mit vielen in einem tosenden Zug zusammensein, gab die Stimmung einer großen vereinigenden Bruderschaft. In der Fröhlichkeit und der Selbstironie, zu der sie fähig waren, riefen die Demonstranten auf der Straße: ›Wir sind die Jünger Maos und wir lieben das Chaos!‹«[190]

15 Pf

B·Z

Die größte Zeitung Berlins

Berliner fordern: Schluß mit Terror und Krawall

Schütz will hart durchgreifen

Berlin, 6. Febr. „BZ"

„Macht Schluß mit Terror und Krawall!" So reagierten gestern breite Kreise der Berliner Öffentlichkeit zu den jüngsten Ausschreitungen in unserer Stadt. „Wir fordern schnelleres und konsequenteres Einschreiten", erklärte die Gewerkschaft ÖTV. Die CDU kritisierte den Senat wegen einer „Politik harter Worte und ständiger Tatenlosigkeit". Der „Regierende" Schütz will hart durchgreifen. Er plant ein Gesetz, mit dem Krawallmacher von den Universitäten gewiesen werden können.

(Berichte auf den Seiten 2 und 7.)

4

Worin Rudi Dutschke auf dem Berliner Vietnam-Kongreß zur Weltrevolution aufruft, die Springer-Blockaden nach dem Attentat auf den ›Apo-Führer‹ den Höhepunkt der Revolte markieren, deren akute Krise im Herbst 1968 ein Aufstand der Frauen im SDS zur Sprache bringt

Genossen, Antiautoritäre, Menschen! Wir haben nicht mehr viel Zeit. In Vietnam werden auch wir tagtäglich zerschlagen, und das ist nicht ein Bild und ist keine Phrase. Wenn in Vietnam der US-Imperialismus überzeugend nachweisen kann, daß er fähig ist, den revolutionären Volkskrieg zu zerschlagen, so beginnt erneut eine lange Periode autoritärer Weltherrschaft von Washington bis Wladiwostok. Wir haben eine historisch offene Möglichkeit.Es hängt primär von unserem Willen ab, wie diese Periode der Geschichte enden wird.«[191] Rudi Dutschke sprach vor den fünftausend Teilnehmern des Internationalen Vietnam-Kongresses am 17. und 18. Februar 1968 in West-Berlin lange und eindringlich. Sein Gesicht glänzte vor Entschlossenheit. Das Auditorium Maximum der Technischen Universität platzte aus allen Nähten, als er den afrikanischen Befreiungstheoretiker Frantz Fanon mit einem Satz aus seinem Buch ›Die Verdammten dieser Erde‹ zitierte: »Los, meine Kampfgefährten, es ist besser, wenn wir uns sofort entschließen, den Kurs zu ändern.« Nach einem theoretisch-politischen Parforceritt vom Fernen zum Nahen Osten, von den Black Panthers in den USA bis zu den Bremer Schülern, die im Kampf gegen Fahrpreiserhöhungen gezeigt hätten, »wie in der Politisierung unmittelbarer Bedürfnisse des Alltagslebens subversive Sprengkraft entfaltet werden kann«,[192] schloß Dutschke mit den Worten: »Die Revolutionierung der Revolutionäre ist so die entscheidende Voraussetzung für die Revolutionierung der Massen. Es lebe die Weltrevolution und die daraus entstehende freie Gesellschaft freier Individuen!«[193]

Die Begeisterung war groß, die Stimmung euphorisch, trotz und wegen Rudi Dutschkes Sprache, die heute »der hermeneutischen Gnade und der Schonung durch historischen Kontext«[194] bedarf: Er hatte die Gabe der »politischen Rede«, die angesichts der Schrecknisse und Notwendigkeiten immer auch die »revolutionäre Möglichkeit«, die historische Chance formulierte, nicht nur anklagte und Verbrechen enthüllte, sondern »eine mögliche Bewegungsform des politischen Subjekts«[195] artikulierte, Handlungsperspektiven vor Augen führte. Ein magisches Moment trat in solchen Augenblicken dem Gemisch aus Imagination und Wirklichkeit zur Seite. Das »Prinzip Hoffnung« schien endlich konkret zu werden, die gegenwärtige Zeit war mit einer anderen Wirklichkeit angefüllt, der Tatendrang so groß wie das Gefühl, den Alltag von gestern verlassen zu haben. Doch ganz abschütteln ließ der sich nicht. »Als die mitgebrachten Kinder den langen Reden nicht mehr folgen konnten, mußten die Mütter sich auf den Fluren um ihr Spiel kümmern. Dort trafen nun mehrere Mütter zusammen. Eine Gruppe bildete sich. Der Funke der Solidarität unter den Kindern sprang auf die Mütter über. Die Idee kam auf: Das machen wir öfters. Das machen wir täglich. Wir machen Kinderladen. Wir treiben die Veränderung unseres Lebens in der Familie voran. Wir machen uns Luft vom Mutterzwang und der stillen Fabrikation autoritärer Kleinbürger. Rudi Dutschke redete noch lange. Draußen auf den Fluren hatte sich ein Kinderladen gebildet. Der erste. Seit Wilhelm Reich das Moskauer Kinderlaboratorium die ›größte Tat seit der Pariser Kommune‹ genannt hatte.«[196]

Als die letzten Worte der Schlußresolution, in der zur materiellen Unterstützung des bewaffneten Befreiungskampfes des Vietcong und zu Aktionen gegen NATO-Basen und Kriegswaffenexporte aufgerufen wurde, mit der Parole »Es siege die sozialistische Weltrevolution!« im Lärm des Beifalls und der Zwischenrufe untergegangen waren, fuhr auch eine Gruppe Tübinger Studenten mit der aufregend neuen Idee von »Kinderläden« nach Hause und gründete bald darauf eine »Initiative«. Während eines Universitätsstreiks 1969 besetzten sie Räume im Studentenhaus. »Über die rechtliche Situation verloren sie kein Wort. Sie brauchten die Räume. Damit war der erste ›revolutionär gegründete Kinderladen‹ in Tübingen eingerichtet, wie sie sagten.«[197] Die Kinderladen-Idee wurde auch von der ›Kommune 2‹, vom ›Aktionsrat zur Befreiung der Frau‹, von linken Studenten, Künstlern und Berufslosen verbreitet – zunächst besonders in Berlin, wo im Mai 1968 bereits drei Läden existierten, ein Dreivierteljahr später schon elf. »Im SDS fing man sich leicht den Vorwurf ›idealistischer Abweichung‹ ein, wenn man es zu viel mit dem ›Privaten‹ zu tun hatte. Alle fühlten sich mit gutem Grund überfordert. Aber: Alle wollten aus den alten Verhältnissen heraus. Die Kinder werden eine autonome Gruppe. Die Eltern machen Politik, und die Kinder befreien sich von den Eltern. Wer als Elternpaar weiter sich vereinzeln wollte, sollte wenigstens über einen Kinderladen einen ersten Schritt ins neue Leben machen.«[198]

Vor einem ganz anderen Schritt ins neue revolutionäre Leben schreckte eine Handvoll Akteure im letzten Moment noch zurück. Als der italienische Verleger Giangiacomo Feltrinelli im März 1968 Sprengstoff (»Dynamitstangen und andere revolutionäre Requisiten«[199]) aus dem Süden »gleichsam als Gastgeschenk« nach Berlin brachte, kam es zu erbitterten Streitigkeiten unter den wenigen Eingeweihten der geplanten Aktion. Mit Feltrinellis Dynamit wollte man in einem westdeutschen Hafen ein Schiff sprengen, das Rüstungsgüter nach Vietnam transportieren sollte. »Wer damals wofür und wogegen war – dieses Geheimnis hat Dutschke mit ins Grab genommen. Ein Jahr vor seinem Tod, zehn Jahre nach dieser Entscheidungssituation, erinnert er sich, daß die vorgesehenen Akteure, den Sprengstoff schon in Händen, plötzlich unsicher über die Aufgabe wurden. ›Und von demselben Augenblick an haben wir es sofort geblockt, weil es wahnsinnig ist, so etwas Menschen zu überantworten, die sich bis dahin der Verantwortung bewußt waren und die dann unsicher wurden. Wir aber waren nur bereit, so eine Sprengung zu machen, wenn das für die Massen keine Risiken bedeuten würde.‹«[200] Rudi Dutschke, zu dieser Zeit schon polizeilich observiert, brachte »das Dynamit im Baby-Korb seines neugeborenen Sohnes in Sicherheit«.[201] Der programmatische Satz in der Schlußresolution des Vietnam-Kongresses: »Die Opposition steht vor dem Übergang vom Protest zum politischen Widerstand«, stieß nicht nur bei diesem praktischen Versuch auf das heikle Problem der Grenzüberschreitung vom Protestieren zum »Widerstand leisten«.

Drei Tage nach der großen Demonstration zum Abschluß des Kongresses in Berlin, an der 12000 Vietnamkriegsgegner teilnahmen, wurden die ansonsten »passiven und leidenden Massen« von ihren politischen Führern zu einer »Gegendemonstration« aufgerufen, zu der sich schließlich etwa 8000 »anständige Berliner« zusammentrommeln ließen. »›Wir lassen uns viel gefallen, aber rote Fahnen in unserer Innenstadt, da hört's dann auf‹, meinte ein Bauarbeiter, der sich, von seiner Baustelle kommend, am Mittwoch nachmittag dem Demonstrationszug der Gewerkschaft ÖTV anschloß. Vor allem die Berliner Arbeiter, Hauptziel der ›Aufklärungskampagne der Minirevoluzzer‹, bekundeten, daß

»Berlin steht für Frieden und Freiheit« –
das »anständige Berlin« demonstriert, 21. Februar 1968

Berlin sich nicht, wie es ein Gewerkschaftsfunktionär ausdrückte, ›auf der Nase herumtanzen läßt‹.«[202] Auch schon weit vor der Grenze zum »aktiven Widerstand« hörte »es« für jene auf, die mit den Plakaten »Volksfeind Nr. 1 – Rudi Dutschke« und »Raus mit dieser Bande!« vor das Schöneberger Rathaus zogen. Unterwegs zerrte man Plakate, die Kritik an der Kundgebung übten, nieder, zerriß und verbrannte sie. Die, denen sie entrissen wurden, verprügelte man. »Nach Schluß der Versammlung elektrisierte das Wort ›Dutschke ist hier‹ noch einmal mehr als tausend Personen. Unter Gejohle stürzte man sich zu dem vermeintlichen Aufenthaltsort des ›SDS-Ideologen‹. Man suchte Dutschke, doch man fand ihn nicht. Schließlich wurde Dutschke in einem Geschäft für Grabsteine vermutet. Mehr als 100 Polizisten mit gezogenen Schlagstöcken mußten die Masse davor zurückhalten, das Geschäft zu stürmen.«[203]

Ein Angestellter, grob Dutschke ähnelnd, war unterdessen von »der Masse« an einer Staßenecke als eben jener ›Volksfeind Nr. 1‹ entdeckt worden: »Plötzlich tönte aus der Menge heraus, immer lauter: ›Hier ist Dutschke!‹ Das ging wie ein Lauffeuer durch die Menge. Sie kam in Bewegung und rückte auf mich zu. Da rief ich: ›Ich bin ein Arbeiter wie ihr!‹ Man trat mir dennoch mit Schuhen ins Gesicht. Dann hatte jemand eine Flasche in der Hand und schlug auf mich ein. Ich spürte am ganzen Körper nur noch Schläge. Sie schrien: ›Schlagt ihn tot, hängt ihn auf!‹«[204] Ein Polizist berichtete über den Vorfall: »Der junge Mann lief mir direkt in die Arme, fiel mir um den Hals und stammelte: ›Um Gottes willen, schützen Sie mich, die wollen mich totschlagen.‹ Hinter uns her kamen an die tausend Leute, die uns beide noch vierzig Meter verfolgten. Dann hatten sie uns eingeholt. Wir wurden zu Boden geworfen. Die Menge war außer sich. Wir haben uns dann die letzten Meter bis zum Wagen irgendwie hingeschleppt. Ich konnte gerade noch die Tür aufreißen und den jungen Mann hineinstoßen.«[205] Von draußen riefen sie: »Lyncht die Sau! Schlagt ihn tot! Kastriert das Judenschwein! Dutschke ins KZ!«[206] Ein Rundfunkreporter, der die Szene beobachtete, konnte gerade noch ein paar Sätze ins live-Mikrofon sprechen, bevor »die Menge« ihn am Weiterreden hindert: »Der Student hat sich in einen Polizeiwagen gerettet. Dieser wird von den Demonstranten eingekreist. Sie donnern gegen die Scheiben. Man hofft, wie es scheint, den Bus umstürzen zu können. Da ist die Verstärkung eingetroffen, die Polizisten haben jetzt den Schlagstock gezogen und werden offenbar versuchen ...«[207]

Die »historisch offene Möglichkeit« einer von Herrschaft und Unterdrückung freien »Geschichtsperiode«, von der Rudi Dutschke und viele andere träumten, verdunkelte sich in solchen Momenten faschistoiden Aufruhrs jener »Massen«, auf deren Seite man sich eigentlich schlagen, für deren »objektive Interessen« man kämpfen wollte. Dennoch ging von solchen Ereignissen keine nachhaltige Irritation aus. Rudi Dutschke wechselte häufiger seine Schlafstatt und widersprach im übrigen der Einschätzung, in Westberlin herrsche eine Pogromstimmung: »Das ist eine Übertreibung. Es gibt pogromartige Ansätze, aber die sind ganz normal. Die Menschen, die tagtäglich einer wahnsinnig langweiligen und langen Arbeit nachgehen müssen, wenn die'n paar Stunden früher mal zusammenkommen und trainiert sind, gegen Minoritäten oder gegen Andersdenkende anzutreten, daß die mal sauer sind und daß die sich austoben, das ist klar. Aber das ist nicht sehr gefährlich, das ist ein ohnmächtiger Protest.«[208] Er glaubte, die »manipulierten« Massen, die als »Appendix, als Anhängsel der Interessen des Staatsapparats«[209]

funktionieren, auf lange Sicht in Subjekte ihrer eigenen Geschichte verwandeln zu können, eine Überzeugung, die ihn schützte vor persönlicher Angst und politischer Resignation. Mehr noch: Die vorläufige Ohnmacht der Revolte schien einen dialektischen Verbündeten zu haben: die »ohnmächtigen« Reaktionen der – noch – manipulierten Massen.

Auf dieses »mobilisierende« Verhältnis als Motor des Befreiungskampfes setzten ihrerseits Andreas Baader, Gudrun Ensslin und Thorwald Proll, die am 3. April 1968 Brandsätze in zwei Frankfurter Kaufhäusern legten, welche nachts explodierten und hohen Sachschaden verursachten. Schon einen Tag später wurden sie verhaftet. Während des Strafprozesses im Oktober '68 erklärten sie, sie hätten die Kaufhäuser niederbrennen wollen, »um gegen die Gleichgültigkeit der Gesellschaft gegenüber den Morden in Vietnam zu protestieren«. Dafür erhielten sie vom Gericht jeweils drei Jahre Zuchthaus.

Zur gleichen Zeit bereitete der SDS in Tübingen eine Kampagne zur Unterstützung der ›Tet-Offensive‹ der Vietcong gegen die Amerikaner und die von ihnen ausgehaltene Armee Südvietnams vor. Nächtelang arbeiteten verschiedene Gruppen an der Auswertung der Radionachrichten. »Der SDS hatte herausgefunden, daß zwischen ein Uhr nachts und fünf Uhr morgens die Nachrichten direkt aus dem Fernschreiber verlesen wurden. Ab sechs Uhr pflegte ein Nachrichtenredakteur eine Auswahl unter den Meldungen zu treffen. Eine Zeitlang saßen die Genossen begierig am Radioapparat und leisteten journalistische Rekonstruktionsarbeit, präzise Lokalisierung von Gebieten bei Saigon, die durch Bombenabwürfe verwüstet wurden. Nach fünf Uhr verarbeiteten sie die Informationen in Flugblättern, die sie bleich, heiser und glücklich am Morgen an der Mensa der Universität verteilten. Eine andere Gruppe bereitete Gegenvorlesungen vor. Als die Studenten in die Vorlesung des Soziologen Bechtold eindrangen, fanden sie keinen Widerstand. Mit den Worten ›Ich will mich dem Druck der Straße nicht beugen‹ verschwand der Professor eilig durch eine Seitentür. Die SDS-Gruppe besetzte das Podium, einer ging an das Mikrophon und rief in den Saal: ›Wir haben Bechtold entmachtet!‹ Doch der Kampf begann erst. Wie eine Vorlesung halten? Der SDS bildete eine Studiengruppe aus sieben Leuten, um die Vorlesung vorzubereiten, sieben Studenten, die im Hörsaal mit ihrem Wissen gegen die Aggression der Amerikaner kämpfen wollten wie auf der Straße.«[210]

In Heidelberg hatte der Übergang zum »politischen Widerstand« im Januar 1968 noch recht zaghaft begonnen, als sich die Möglichkeit zu einer Aktion ergab, »die über den bloßen Protest vor den verschlossenen Türen des Amerikahauses hinausging und die Verschleierungspraktiken der Bourgeoisie gegenüber der Ausbeutung der Länder der Dritten Welt direkt angriff. Der SDS plante, das exotisch aufgemachte Tanzfest, das das Auslandsamt alljährlich veranstaltet, seines beschaulichen Charakters zu entkleiden und den dort gaffenden Bürokraten und Kulturphilistern ihre verlogene Solidarität mit ausländischen Kommilitonen zu verleiden. Es gelang dann zwar im wesentlichen nur, die Veranstaltung zu stören, ohne daß im Saal selbst eine Diskussion hätte erzwungen werden können. Doch wurde mit später in die Vorhalle nachkommenden Kommilitonen ein teach-in über die Aktion abgehalten, das eine längere Kampagne gegen das Auslandsamt einleitete und die Selbstorganisation der progressiven Ausländer initiierte.«[211]

In vielen Teilen Baden-Württembergs begann es zu rumoren, setzte sich die schon ein paar Jahre alte Erkenntnis Mao Tse-tungs durch, daß man alle Wahrheiten des Marxismus letztlich in einem Satz zusammenfassen könne: »Rebellion ist gerechtfertigt.« Es zeigte sich, daß es außerhalb der Universitätsstädte Heidelberg, Tübingen, Freiburg mehr Rebellen gab, als der SDS zunächst ahnte. In Tettnang und Tuttlingen »schossen republikanische Clubs aus dem Boden, auch wenn die CDU in diesen Kleinstädten ein Wahlaufkommen von 65 Prozent hatte«.[212] Seit dem 2. Juni 1967 und den Auseinandersetzungen um die Vietnam-Demonstration in Berlin im Februar 1968 hatte die Revolte auch die Provinz erreicht – freilich in anderer Dimension als in den Metropolen Frankfurt und Berlin. Da mußte häufig noch der Kampf mit der Zimmerwirtin wegen des verbotenen ›Damenbesuchs‹ aufgenommen und ausgefochten werden. Örtliche Honoratioren, die im schwäbischen Backnang ungefähr die Rolle der Ordinarien und Magnifizenzen an der FU in Berlin zu Beginn der Revolte innehatten, waren die ersten Repräsentanten jener Ordnung, die den Rasen des Stadtparks vor unbefugtem Betreten und die napalmwerfenden US-Streitkräfte vor unsachlicher, das heißt antiamerikanischer Kritik schützte. Rebellion war gerechtfertigt, und so schickten die Genossinnen und Genossen des SDS Tübingen einen ›Reisekader‹ in die tiefe Provinz, wo er vor allem an Schulen und unter Lehrlingen seine ›antiautoritäre Arbeit‹ aufnahm. Um die Reisekosten zu decken, unternahmen die SDS-ler ›Finanzierungsraubzüge‹ in den Buchläden: »Es gab einen sportlichen Eifer bei diesen Unternehmungen, freilich auch die Lust, die Geschäftsleute zu foppen, wenn man an der Kasse ein Suhrkamp-Bändchen für drei Mark kaufte und mit einem Wälzer für achtzig Mark unter dem Arm den Laden verließ. Zwei, Michael und Christina, hatten beim Bücherklauen einen unerreichten Ruhm. Sie gingen in die wissenschaftlichen Buchläden in Stuttgart, klemmten sechs medizinische Fachbücher unter den Arm und verkauften sie in Tübingen. Die Bücher auf beiden Armen gestapelt, hatten sie die Ausgangstür der Buchhandlung angesteuert, ließen sich von einem Angestellten öffnen und sagten höflich und trocken: ›Danke schön. Auf Wiedersehen!‹ Sie besaßen eine beneidenswerte Gelassenheit. Michael kam eines Morgens um 8 Uhr 20 aus der Universitätsbuchhandlung Osiander, er schwörte darauf, in der Früh' zu klauen, trug drei Bände ›Kapital‹ unter dem Arm. Es war die Zeit, als sich die Gier verbreitete, das Kapitel über den ›Fetischcharakter der Ware‹ zu lesen. Bald gab es in ganz Tübingen kein ›Kapital‹ mehr zu klauen.«[213]

Nicht nur aus akutem Mangel an Möglichkeiten originärer Marx-Lektüre zog es im Frühjahr 1968 viele ›Provinzler‹ in die Metropolen der Revolte, wo sie das Abenteuer, die Revolution und das Leben suchten – jenseits der Enge und Muffigkeit, die auch ein Republikanischer Club in Tuttlingen nicht ad hoc beseitigen konnte. Die große Stadt mit ihrer Atmosphäre von Unruhe und raschen Veränderungen, die sich in ihr zu vollziehen schienen: sie war das Fluidum der Befreiung. Für andere dagegen hatte eben diese Stadtluft etwas Bedrohliches, Böses, Gefährliches. Was für die einen ein Versprechen, war für die anderen der Untergang des Abendlandes.

Am Abend des 10. April 1968 stieg der 23 Jahre alte Münchener Arbeiter Josef Erwin Bachman um 21.52 Uhr in den Nachtexpress nach Berlin. In seinem Gepäck hatte er einen alten Colt versteckt. Als er am nächsten Morgen aus dem Zug steigt, herrscht strahlender Sonnenschein. Es ist Gründonnerstag. Über hunderttausend Gäste haben sich für die Osterfeiertage angesagt. »In den Außenbezirken von Berlin ist nur wenig Verkehr. Rudi Dutschke, sogenannter SDS-Chefideologe, unterbricht die Arbeit am Manuskript über seine Prag-Reise in der vergangenen Woche, schwingt sich auf sein rostrotes Fahrrad und fährt in die Innenstadt, um eine Apotheke zu suchen. Er will Nasentropfen für Hosea-Che, seinen 12 Wochen alten Sohn, holen. Am Kurfürstendamm 140 macht Dutschke kurz Station.«[214] Im SDS-Zentrum möchte er bei der Gelegenheit noch etwas erledigen. Es ist etwa 16 Uhr. »Rudi, da hat eben jemand nach dir gefragt«, berichtet ein SDS-ler. »OK, soll unten warten«, antwortet Dutschke. Josef Bachmann hatte schon eine ganze Weile warten müssen, bis Rudi Dutschke das Haus verließ und mit dem Fahrrad zur nahegelegenen Apotheke fuhr, wo er auf dem Sattel sitzend wartete: »Die Mittagspause der Apotheke war noch nicht beendet. Nach einigen Minuten sah ich, wie ein Auto sich im Mittelweg des Ku'damms einparkte und ein Mann sich in meine Richtung in Bewegung setzte. Ohne etwas zu ahnen, sah ich, wie er mir immer näher kam. Nachdem die letzte Autowelle zwischen uns vorübergefahren war, ging Bachmann nun über die Straße. Kaum hatte er den Gehweg erreicht, wendete er sich direkt an mich und fragte in einem Abstand von ca. zwei Metern: ›Sind Sie Rudi Dutschke?‹ Ich zögerte nicht und sagte ›Ja‹ – und in einem sekundenhaften, blitzartigen Augenblick riß er seine Pistole aus der Jackentasche und schießt. Da war keine andere Frage, kein Nachdenken, kein Zögern.«[215] Drei Schüsse feuerte Bachmann auf Dutschke ab. Dann flüchtete er. Passanten drehten sich um und liefen zu dem blutend am Boden Liegenden, der plötzlich wieder aufstand und nach Vater und Mutter schrie. Er lief ungefähr fünfzig Meter weiter, bevor zwei Helfer ihn festhalten und auf eine Parkbank legen konnten. Seine letzten Worte waren »Soldaten, Soldaten«.

»Ich war so im Haß, ich hatte so eine Wut«, antwortete Josef Bachmann später dem Richter auf die Frage, warum er denn geschossen habe. »Sie kannten ihn?« fragte der Richter. Bachmann: »Man kennt ihn von Bildern.« Richter: »Und dann?« Bachmann: »Dann sagte ich, du dreckiges Kommunistenschwein. Dutschke kam auf mich zu, und ich zog den Revolver und schoß den ersten Schuß.«[216] Bachmann floh in den Keller eines Rohbaus, verschanzte sich dort, nahm eine Überdosis Schlaftabletten und lieferte der Polizei ein Feuergefecht, die zuvor vergebens versucht hatte, ihn mit Tränengasbomben ›auszuräuchern‹. In Arm und Brust getroffen, mußte er sich schließlich ergeben. Zu dieser Zeit lag Rudi Dutschke bereits Stunden auf dem Operationstisch des Westend-Krankenhauses, wo ihm zwei Kugeln aus Gehirn und Unterkiefer herausoperiert wurden. Die Überlebenschancen standen, nachdem der Sender Freies Berlin bereits seinen Tod gemeldet hatte, 50:50. Am Karfreitag erwacht er aus der Narkose. Es besteht keine unmittelbare Lebensgefahr mehr.

Unterdessen ist die Stadt in hellem Aufruhr. »Die Nachricht vom Attentat geht um die Welt. Wie die vor sechs Tagen: als James Earl Ray Martin Luther King erschossen hatte. Bundeskanzler Kurt Georg Kiesinger schickt Gretchen Dutschke ein Telegramm, hofft ›von Herzen, daß Ihr Mann von seinen Verletzungen völlig genesen wird‹. Die Empörung über die ›brutale und verbrecherische Gewalt‹ reicht plötzlich vom Verleger Axel Caesar Springer bis zum Bombenleger Michael Baumann.«[217]

Verzweiflung und Ratlosigkeit herrschten am frühen Abend des Gründonnerstags im SDS-Zentrum, wo sich spontan viele Menschen versammelt hatten. Als die Nachricht kam, Rudi Dutschke sei nicht tot, faßte man neuen Mut und setzte eine Pressekonferenz im Republikanischen Club an, wo als Hauptschuldiger für den Mordanschlag Axel Springer genannt wurde, dessen Zeitungen erst die Voraussetzungen für eine solche Tat geschaffen hätten. Eine Stunde später: »2000 schweigende Studentinnen und Studenten sitzen auf ihren Holzstühlen im Auditorium Maximum der Technischen Universität. Ein Redebeitrag von Bernd Rabehl sprengt die beklemmende Atmosphäre: ›Ich darf daran erinnern, welche Pogromhetze von den Abgeordneten des Senats nach dem 2. Juni 1967 stattfand. Ich erinnere daran, daß ein Neubauer und ein Schütz [Innensenator und Regierender Bürgermeister] diese außerparlamentarische Opposition zusammenschlagen wollten. Und ich spreche ganz deutlich aus: Die wirklichen Schuldigen heißen Springer, und die Mörder heißen Neubauer und Schütz.‹ Rabehl formulierte, was in der Luft lag: Der Marsch auf den Springer-Konzern in der Kreuzberger Kochstraße beginnt.«[218] Fünftausend Menschen sind es, die sich gegen 23 Uhr in Richtung Kochstraße aufmachen. »Bei dieser Demonstration ist bei mir mein ganzes Leben, alles nochmal abgelaufen, verstehst du«, erzählt später einer von ihnen, Bommi

Auf dem Weg zum Springer-Haus; vorn, mit Brille, Hans Mahler

ULLSTEIN
AXEL SPRINGER

»Springer-Unruhen«

Baumann. »Alle Schläge, die ich gekriegt habe, was du so alles erlebst, was du als Ungerechtigkeit empfindest. Die Empörung über das Attentat an Rudi war inzwischen in ganz Deutschland so groß, und in allen Städten ist am selben Abend etwas passiert, da war so eine Stimmung voll Sympathie für Rudi, daß die Bullen gar nicht einschritten. Sie haben sich anders verhalten als sonst. Da waren Polizeioffiziere, die haben gesagt, Kinder, wir können euch doch verstehen, aber macht's nicht zu doll, die haben ja in dem Getümmel noch richtig mit uns gesprochen.«[219] Vor dem Springer-Hochhaus wartet schon ein riesiges Polizeiaufgebot. Steine fliegen, Scheiben klirren, und mitten im Getümmel taucht der Genosse Peter Urbach auf und verteilt gut präparierte Mollies, ›Molotow-Cocktails‹, an Interessierte. Sie finden reißenden Absatz. Auch Bommi Baumann greift zu. Er kennt Urbach aus der ›Kommune 1‹. Was er damals noch nicht weiß: Urbach arbeitet für den Verfassungsschutz, dessen politischer Chef gerade auf dem Dach des Hauses Springer steht. Kurz nach Mitternacht lassen »diese köstlichen Mollies« (Bommi Baumann) die ersten Auslieferungen von ›Morgenpost‹ und ›BZ‹ in Flammen aufgehen. Kaum hundert Meter entfernt stehende Wasserwerfer werden nicht zum Löschen eingesetzt, so daß etwa fünf Lieferwagen ausbrennen. Zehn weitere werden von Demonstranten umgekippt und demoliert. Eine Gruppe, die sich in breiter Reihe formiert und mit Holzstangen bewaffnet hat, versucht den Haupteingang des Springer-Verlagsgebäudes zu stürmen. Tatsächlich gelingt ihr beim ersten Anlauf das Durchbrechen der Polizeikette. »Doch eine massive Drehtür, die jeweils nur wenige Personen durchläßt, verhindert, daß eine größere Anzahl ins Gebäude eindringen kann. Etwa zwanzig erreichen den Treppenaufgang, dann werden sie von knüppelbewehrten Springer-Angestellten zurückgeschlagen.«[220] Draußen gelingt es unterdessen einem Studenten, auf einen Wasserwerfer zu klettern und die Spritzkanone auf die Polizeikette zu lenken. Die Ordnungskräfte reagieren mit weiteren Knüppeleinsätzen. »An dem Abend ist irrsinnig viel passiert, das hat dir auch wirklich 'ne Kraft gegeben. Hier sind einfach von der anderen Seite die Schranken überschritten worden, und das ist einfach die richtige Antwort gewesen. Die allgemeine Hetze hat einfach ein Klima geschaffen, wo du mit Späßchen nichts mehr erreichen kannst. Wo sie dich so oder so liquidieren, ganz egal was du machst. Bevor ich nun wieder nach Auschwitz transportiert werde, denn schieß ich lieber vorher.«[221] Bommi Baumann beschrieb seinen Eindruck, seine ›feelings‹, die nichts mehr mit den ›twist-feelings‹ vom Anfang der sechziger Jahre zu tun hatten. Und seine Worte formulierten Gedanken, die damals in vielen Köpfen herumschwirrten. Ulrike Meinhof, seit neun Jahren Kolumnistin der Zeitschrift ›Konkret‹ und aktiver Teil jener kritisch-liberalen Öffentlichkeit, die Mitte der sechziger Jahre auch ZEIT-Herausgeberin Marion Gräfin Dönhoff, SPIEGEL-Chef Rudolf Augstein, Hildegard Hamm-Brücher, Ralf Dahrendorf, Hartmut von Hentig und Johannes Rau in ihren Reihen hatte, schrieb nach dem Dutschke-Attentat in ihrer Mai-Kolumne 1968: »Stellen wir fest: Es ist dokumentiert worden, daß hier nicht einfach einer über den Haufen geschossen werden kann, daß der Protest der Intellektuellen gegen die Massenverblödung durch das Haus Springer ernst gemeint ist, daß Sitte & Anstand Fesseln sind, die durchbrochen werden können, wenn auf den so Gefesselten eingedroschen und geschossen wird.«[222] »Vom Protest zum Widerstand« war die Kolumne überschrieben, und tatsächlich war die Grenze zum Widerstand zum ersten Mal massenhaft überschritten worden. ›Einer von uns‹, gar das ›Idol‹, die Personifizierung der Revolte sollte liquidiert werden. Erinnerungen an die jüngste deutsche Geschichte wurden wach, als die Linke sich nicht rechtzeitig gewehrt hatte und schließlich von den Nazis vertrieben wurde oder im Konzentrationslager landete. Schiefe Parallelen, gewiß, aber Assoziationen, die in der Luft lagen. »Gestern Dutschke, morgen wir«, riefen die Demonstranten in Berlin, Hannover, Frankfurt, München, Stuttgart, Esslingen und Hamburg. »Ohne daß es einer Verabredung bedurft hätte, wurden Springer-Druckereien in ganz Westdeutschland und West-Berlin belagert. Jeder Genosse wußte: Springer zielt, und Bachmann, der Attentäter, schießt.«[223] Über die gesamten Osterfeiertage zogen sich die Blockadeaktionen, Demonstrationen und Besetzungen hin. »Es kam zu Straßenschlachten, wie sie Westdeutschland seit der Weimarer Republik nicht mehr gekannt hatte«, schrieb der SPIEGEL in seiner Ausgabe über die ›Osterunruhen‹. In Hannover wurden Sitzblockierer vor dem Springer-Gebäude zunächst mit einer intensiven Wasserkanonade eingedeckt. Als die Demonstranten trotzdem nicht von der Stelle wichen, prügelten Hunderte von Bereitschaftspolizisten auf die wehrlos sitzenden Blockierer ein und verfrachteten sie anschließend ins Gefängnis, wo sie naß, frierend, aber voller Energie unter gewaltigem Lärm auf die Heizungsrohre einschlugen und die ›Internationale‹ sangen. In Esslingen hetzten ›brave Bürger‹ ihre Schäferhunde auf die Demonstranten, die am Karfreitag sogar vor den Kirchen für die Springer-Blockade ›agitiert‹ hatten. Dennoch: »Die Blockade vor dem Esslinger Bechtlehaus wurde unter Beteiligung von mehr als hundert aktiven Heidelberger Studenten hervorragend durchgeführt und erst am Morgen nach politischer Diskussion aufgehoben«, heißt es stolz in einem SDS-Bericht. »Die spontane Kampfbereitschaft war durch Abwiegler und Wasserwerfer nicht zu besiegen.«[224] Erst Tage später, nachdem trotz »permanenter Diskussion«, in der eine Wiederholungsaktion verworfen wurde, eine weitere Blockade »zentral geplant« und organisiert worden war, kam es zu der vorhersehbaren Niederlage. Zwölf Polizeihundertschaften mit 90 Hundeführern, Wasserwerfern und zwei Panzerautos rückten an, um den Vertrieb von BILD zu sichern. Selbstkritisch notierten die SDS-Strategen später: »Nachdem man in Stuttgart ein schlechtes teach-in durchgeführt hatte, das mit einer überstürzten Fahrt nach Esslingen endete, war jede Möglichkeit zur kollektiven Aktion schon im Ansatz zerstört. Dem riesigen Polizeiapparat standen die Demonstranten vereinzelt, oft sogar ohne Megaphon machtlos gegenüber. Anwesende Rocker und junge Arbeiter wurden diffamiert und konnten in die Aktion nicht einbezogen werden. Abwiegler hatten leichtes Spiel und schienen die Vernunft auf ihrer Seite zu haben. Ein Versuch, im Esslinger Stadtgefängnis festgehaltene Demonstranten zu befreien, wurde völlig disparat durchgeführt. Er scheiterte kläglich.«[225]

Weder in Hamburg, München oder Berlin konnte am Ende ein Sieg über den Springer-Konzern errungen werden. Immerhin wurde aber die Auslieferung der BILD-Zeitung verzögert, und anders als in der ›Provinz‹ beteiligten sich viele junge deutsche und ausländische Arbeiter an den Aktionen. So auch in Frankfurt, wo sich über tausend Menschen am Karfreitagabend an der Galluswarte versammelten und mit Balken, Autowracks und Steinen zwei Druckerei-Ausgänge verbarrikadierten. Am Vormittag hatte Hans-Jürgen Krahl während eines Gottesdienstes über die Schüsse in Berlin gesprochen, den »Revolverjournalismus« der Springer-Presse attackiert und mit den Worten geschlossen: »Friede den Menschen, Krieg den Institutionen!« Die von Sozialdemokraten geführte Frankfurter Polizei war bereits im Druckerei-Gebäude postiert, als die Blockierer eintrafen; sie versuchte, mit Wasserwerfern und Lastwagen auszubrechen. »Einmal gelang einem Lastwagen der Ausbruch, doch die Demonstranten brachten ihn auf der Straße zum Stehen und ließen aus den Rädern die Luft heraus. Dann stand er mitten auf der Mainzer Landstraße wie ein krepierendes Tier. Nachts um eins fuhr ein grauer Lieferwagen vor, begeistert empfangen, denn er brachte heißen Tee für die vor Nässe und Kälte zitternden Genossen. Um drei schließlich kam die Polizei – statt aus der Druckerei auszubrechen, vom Rücken der Demonstranten her – Blaulichter und Sirenen.«[226] Auch eine Reiterstaffel trabte zur Attacke: »Unter Hufeknallen, Funkenschlag und dem Gewieher der Gäule keilen die berittenen Ordnungshüter mit langen Latten wie die Kosaken auf ihre geduckten Mitbürger ein.«[227] In München wurde der Fotograf Klaus-Jürgen Frings von einem Stein am Kopf getroffen und starb an einem Blutgerinsel. »Auch Rüdiger Schreck, Münchner Student im sechsten Semester, überlebt den Ostermontag nicht. Er wurde ›mit einem stumpfen Gegenstand am Kopf verletzt‹, so der Polizeibericht. Die Täter sucht man auch später noch vergeblich.«[228]

Über tausend Demonstranten und Blockierer wurden im Lauf der Ostertage festgenommen. Über 400 Demonstranten erlitten teils schwere Verletzungen. Die Polizei ›meldete‹ 54 Verletzte. Am 30. April 1968 rapportiert CDU-Innenminister Ernst Benda im Bonner Bundestag: »Von den 847 Beschuldigten der Ostertage sind 87 bis zu 18 Jahre alt, 210 zwischen 19 und 21 Jahren, 246 zwischen 22 und 25 Jahren, 286 Personen sind älter als 25 Jahre. Nach Berufen aufgegliedert ergibt sich folgendes Bild: 92 sind Schüler, 286 sind Studenten, 185 Angestellte, 150 Arbeiter, 31 sonstige Berufe, 97 ohne Beruf, unbekannt ist der Beruf bei 26 Personen. Meine Damen und Herren – diese Aufgliederung scheint mir zu zeigen, wie falsch es wäre, die Gewaltaktionen als Studentenunruhen zu bezeichnen.«[229]

Das merkten auch die SDS-Funktionäre, die jetzt Tag für Tag die ›Gewaltfrage‹ diskutierten. Eine rein studentische Organisation reichte nun nicht mehr aus, um die im Laufe der ›Osterunruhen‹ mobilisierten und ›politisierten‹ Schüler, Lehrlinge und Jungarbeiter in die politischen Strukturen der Revolte einzubeziehen. Als vorläufige Konsequenz aus dieser Einsicht, vor allem aber als unmittelbare Folge der sich überstürzenden Ereignisse wurden ›Basisgruppen‹ gegründet. In Berlin entstand die erste im Arbeiterviertel Moabit. Spätestens jetzt hatte der SDS als politisches Zentrum, das die Aktivitäten der Opposition plant und koordiniert, ausgespielt.

Doch die theoretischen und ideologischen Debatten spielten sich weiterhin vorwiegend im SDS, in seinen Arbeits- und Projektgruppen, auf den Arbeits- und Delegiertenkonferenzen ab. Die Ungleichzeitigkeiten der Revolte, die sich zunächst im ›Vorsprung‹ Berlins ausdrückten, zogen sich nun als gespanntes Verhältnis zwischen einer massenhaften, aber heterogenen ›antiautoritären‹ Bewegung und einem politisch-theoretischen ›Kopf‹, der keine Avantgarde sein konnte, quer durch alle Regionen, Gruppen und Szenen. Bommi Baumann formulierte das Dilemma in der ihm eigenen Unkompliziertheit: »Ostern 68 war unsere große Chance. Daß daraus nichts geworden ist, liegt an diesen ganzen Abwieglern, weil einfach die Konsequenz gefehlt hat. Weil alle auf diese bürgerliche Presse eingestiegen sind und gesagt haben, wenn wir richtig radikal auftreten, verschrekken wir irgendjemand damit. Es war ja schon wieder der Anspruch da, man will jemandem etwas erklären.«[230]

Bommi Baumann selbst wollte »konsequent« sein. »Am Abend nach den brennenden Autos«, am 12. April, fuhr er mit Fritz Teufel und Peter Urbach im VW Käfer durch Berlin, die Kiste der übriggebliebenen ›Mollies‹ im Kofferraum, und suchte nach geeigneten ›Objekten‹: »Und denn haben wir noch gekieckt, was man sonst noch anstecken kann, ist uns aber nichts richtiges eingefallen, wollten denn noch die Oper anstecken, aber sind denn ratlos nach Hause gefahren. Wir wollten noch rausfahren nach Schwanenwerder, wo der Springer so 'ne Villa hat, die wollten wir auch noch anstekken, aber dann wußte wieder keiner genau, wo die ist.«[231] Was für ihn bedeutete: »Jetzt waren die Terrorprobleme sofort sehr aktuell. Ohne Vorbereitung, ohne Logistik, ohne Wissen, ohne Erfahrung und so bleibt es Fantasie, du kannst gar nichts machen.«[232] Das sollte sich bald ändern. Bommi Baumann begann seinen Weg in die sich entwikkelnde Stadtguerilla.

Ulrike Meinhof, die zwei Jahre später, 1970, an der Befreiung Andreas Baaders teilnahm, bei der ein Unbeteiligter durch einen Schuß schwer verletzt wurde, formulierte in der ›Konkret‹-Kolumne vom Mai 1968 ihre Konsequenz noch ganz anders: »Nun, da die Fesseln von Sitte & Anstand gesprengt worden sind, kann und muß neu und von vorne über Gewalt und Gegengewalt diskutiert werden. Gegengewalt, wie sie in diesen Ostertagen praktiziert worden ist, ist nicht geeignet, Sympathien zu wecken, nicht, erschrockene Liberale auf die Seite der Außerparlamentarischen Opposition zu ziehen. Gegengewalt läuft Gefahr, zu Gewalt zu werden, wo die Brutalität der Polizei das Gesetz des Handelns bestimmt, wo ohnmächtige Wut überlegene Rationalität ablöst, wo der paramilitärische Einsatz der Polizei mit paramilitärischen Mitteln beantwortet wird.«[233] Gleichwohl gab sie den »Herren an der Spitze«, den Herrschenden, eine Infor-

Ulrike Marie Meinhof

mation mit auf den Weg, die ein Mitglied der ›Black Power‹-Bewegung auf dem Vietnam-Kongreß in Berlin mit den Worten ausgedrückt hatte: »Protest ist, wenn ich sage, das und das paßt mir nicht. Widerstand ist, wenn ich dafür sorge, daß das, was mir nicht paßt, nicht länger geschieht.«[234]

Ulrike Meinhof wollte – anders als Bommi Baumann – sehr wohl noch etwas »erklären«, die »überlegene Rationalität« nicht durch Wut und Verzweiflung ins Hintertreffen geraten lassen, aber sie wollte zugleich Widerstand leisten, dafür sorgen, daß das, was ihr und Tausenden anderen »nicht paßte«, nicht länger geschah: Massenverblödung, Bomben auf vietnamesische Dörfer, Ausbeutung der Dritten Welt, Unterdrückung der Frauen. Daß die ›Ungleichzeitigkeiten‹ der Revolte, ihr Dilemma von politischer Mobilisierung und gesellschaftlicher Isolation, vielleicht auch Unmöglichkeiten enthalten konnten, kam Ulrike Meinhof, Bommi Baumann und Tausenden anderen damals nicht in den Sinn. Wieder, wie nach dem 2. Juni 1967, duldete die Revolte, die unversehens zur ›Revolution‹ avanciert war, keinen Aufschub.

Am 10. Juni 1968 verließ Rudi Dutschke unter dem Pseudonym »Mister Klein« die Klinik und die Stadt. Die Kugeln hatten sein Sprachzentrum derart angegriffen, daß er in mühevoller Arbeit und mit vielen Rückschlägen ganz neu sprechen lernen mußte. Er hoffte auf eine Zeit der Besinnung und des Genesens, der ein neues »Aufstehen« folgen sollte. »Ich habe Fehler gemacht. Ich bin einfach noch zu jung, um Politiker zu werden. Ich bin 28 Jahre alt. Ich muß mich noch mal zurückziehen und an mir arbeiten.«[235] Doch

Muße sollte er in der kommenden Zeit kaum finden. Die Odyssee der nächsten drei Jahre führte ihn durch ganz Europa, in die Schweiz, nach Italien, England, Belgien, Frankreich, Irland, Holland, Norwegen, Österreich und Dänemark. »Die wenigsten dieser Länder verließ Dutschke freiwillig. Aus einigen vertrieben ihn ›Pressegeier‹. Aus anderen wurde er – zur ›persona non grata‹ erklärt – ausgewiesen: samt Familie. 1971 schließlich konnte er sich in Dänemark niederlassen. Ohne die persönliche und finanzielle Unterstützung von Bundespräsident Heinemann und seiner Frau, den Gollwitzers, von Ernst und Karola Bloch, Rudolf Augstein und anderen hätte er die von gesundheitlichen Rückschlägen begleiteten Jahre kaum überstehen können. Schon im Dezember 1968 jedoch schrieb er – von Mailand aus – einen leidenschaftlichen Brief an seinen Attentäter, an Josef Bachmann: »Du wolltest mich fertig machen. Ich mache Dir einen Vorschlag: greife die herrschenden Cliquen an. Warum haben sie Dich zu einem bisher so beschissenen Leben verdammt? Also schieß nicht auf uns, kämpfe für Dich und Deine Klasse. Höre auf mit den Selbstmordversuchen, der antiautoritäre Sozialismus steht auch noch für Dich da.«[236] Bachmann antwortete Dutschke, bedauerte, »was ich Ihnen angetan habe«, und fragte sich, ob er vielleicht eine »ganz verkehrte Auffassung« von seinem Opfer gehabt habe: »Wenn ich Sie richtig verstehe, wollen Sie und Ihre Comilitonen ein besseres System erreichen als das heutige. Aber jetzt kommt die Frage, was soll das sein,und wie will man etwas ändern, was gar nicht zu ändern geht, denn die breite Bevölkerungsschicht fühlt sich so wohl, daß sie überhaupt nicht daran denkt, sich etwas anderes aufschwatzen zu lassen.«[237]

Im März 1969 wurde Bachmann zu sieben Jahren Zuchthaus verurteilt. In der Nacht vom 23. auf den 24. Februar 1970 nahm er sich – nach mehreren vorangegangenen Selbstmordversuchen – das Leben.

Rudi Dutschke starb am 24. Dezember 1979 an den Spätfolgen des Attentats; während eines epileptischen Anfalls ertrank er in der Badewanne.

Mai 1968. In Paris brennen die Barrikaden in den Straßen des Universitätsviertels Quartier Latin. 10000 CRS-Polizisten versuchen unter dem Einsatz von Tränengas, Brandbomben und Gummiknüppeln, die Barrikaden an der Sorbonne zu räumen. In den Morgenstunden des 11. Mai, als die Verteidigung der etwa 20000 Schüler und Studenten zusammengebrochen war, wurde das Ausmaß der Kämpfe deutlich: verwüstete Straßenzüge, siebzig ausgebrannte Autowracks, 600 Verletzte, unzählige Verhaftete.

An einem 24stündigen, von den Gewerkschaften ausgerufenen Generalstreik beteiligten sich Millionen Arbeiter und Angestellte. Nach einer riesigen Demonstration in Paris am 13. Mai, an der über eine Million Menschen teilnahmen, wurde die Sorbonne ein zweites Mal besetzt. Daraufhin kam es überall in Frankreich zu spontanen Streiks und Fabrikbesetzungen, die sich rasch auf alle großen Industriezweige und Betriebe ausdehnten. Die politischen Auseinandersetzungen wühlten das ganze Land auf und führten im Laufe des Juni zu einem widerspruchsvollen, vorläufigen Ende: Staatspräsident General de Gaulle – der für kurze Zeit sogar vor der Revolte reißaus genommen und bei einem in Süddeutschland stehenden französischen Regiment Zuflucht gesucht hatte – löste die Nationalversammlung auf; bei den anschließenden Parlamentswahlen siegten die ›Gaullisten‹ mit absoluter Mehrheit. Wenige Tage nach der gewaltsamen Räumung des staatlichen Rundfunk- und Fernsehsenders ORTF, der Renault-Werke von Flins, des Odéon-Theater und der Sorbonne in Paris, sechs Wochen nach dem Beginn des Revolutionsrausches wollte die überwältigende Mehrheit der Franzosen es wieder ruhiger angehen lassen und sich wie gewohnt auf die Sommer-

Dany Cohn-Bendit, Paris Mai 1968

ferien vorbereiten. Mitgerissen von den rebellierenden Studenten hatten sie es dem autokratisch herrschenden General an der Spitze des republikanischen Staates mal gezeigt, erkannten dann aber schnell wieder die Kräfteverhältnisse, welche die große Utopie einer freien Gesellschaft zur Freude auf den Urlaub an der Côte d'Azur zusammenschrumpfen lassen.

Gleichwohl blickten die nach dem Dutschke-Attentat Mobilisierten in der Bundesrepublik neidisch nach Frankreich, wo sich für kurze Zeit immerhin ein ›Bündnis‹ zwischen Arbeitern und Studenten anzubahnen schien, das eine ganz andere ›gesellschaftliche Sprengkraft‹ signalisierte als der halb ironisch, halb ernst gemeinte Ruf der deutschen Antiautoritären: »Wir sind eine kleine, radikale Minderheit!«

Da zur gleichen Zeit auch in Italien, Brasilien, Uruguay, Mexiko, in der Türkei, den USA und in Jugoslawien, sogar im Senegal Universitäten besetzt, Straßenschlachten geschlagen und – in Montevideo, Mexiko City, Dakar, Rio de Janeiro – Studenten von den Ordnungskräften getötet wurden, leuchtete der Hintergrund jeder Protest- und Widerstandsaktion wie das Feuer eines weltweiten Aufstands. Im Mai 1968 erlangten selbst solche Aktionen die Weihen einer zumindest potentiell ›revolutionären‹ Perspektive, die vorher und auch später wieder als politische Proteste oder Kampagnen verstanden wurden.

So gerieten die zweite und die – entscheidende – dritte Lesung der sogenannten Notstandsgesetze im Deutschen Bundestag zu einer vermeintlichen Kraftprobe zwischen Revolution und Konterrevolution. Seit den frühen sechziger Jahren hatten verschiedene CDU-geführte Bundesregierungen ein Gesetz angestrebt und vorbereitet, das im Falle des »Notstands« durch einen »Katastrophen- oder Verteidigungsfall« grundgesetzlich garantierte Rechte der Bürger außer Kraft setzen und die Macht der Exekutive drastisch ausweiten würde. Der ›Notstand‹ müßte von einer Zweidrittelmehrheit im Bundestag ›beschlossen‹ werden. Erst dann könnten per Gesetz oder Verordnung »Maßnahmen für die rechtzeitige Bereitstellung der zur Verteidigung des Bundesgebietes erforderlichen Mittel«[238] ergriffen werden – jenseits der sonstigen parlamentarischen Prozeduren. »Außer zur Verteidigung des Bundesgebietes sollten Streitkräfte nur zum Objektschutz eingesetzt werden dürfen sowie zur Abwehr einer drohenden Gefahr für den Bestand oder für die freiheitliche demokratische Grundordnung des Bundes und der Länder«[239], relativierte Sozialdemokrat Carlo Schmid die Gefahr, die auch viele Sozialdemokraten, vor allem aber ein weites Spektrum von linksliberalen bis sozialistischen Personen und Gruppen in der Notstandsgesetzgebung erblickten. Sie hatten ein ›Kuratorium Notstand der Demokratie‹ gegründet, in dem der SDS wie die IG Chemie, Betriebsräte und FDP-Mitglieder, die Naturfreundejugend und Universitätsprofessoren zusammensaßen.

Doch die SPD und der Deutsche Gewerkschaftsbund (DGB) insgesamt mochten sich nicht mit den ›Radikalen‹ der außerparlamentarischen Opposition zusammentun. Versuchte der DGB trotz abweichender Auffassung von Einzelgewerkschaften, sich von der radikalen Anti-Notstandsbewegung fernzuhalten (wo er sie nicht integrieren konnte), so schwenkte die SPD schon bald ganz um: Sie war dafür und erreichte in langwierigen Ausschußsitzungen und Verhandlungen noch einige Änderungen des geplanten Gesetzes – Präzisierungen, Abschwächungen, Eingrenzungen. Gleichwohl wurde im vorgesehenen, neuen Artikel 87a des Grundgesetzes »der Einsatz der Bundeswehr zur Unterstützung der Polizei beim Schutz ziviler Objekte und zur Bekämpfung militärisch bewaffneter Aufständischer zugelassen«.[240] Während das SPD-Präsidium einen für den 11. Mai angekündigten Sternmarsch des ›Kuratorium Notstand der Demokratie‹ als »vorläufigen Höhepunkt der Kampagne der Verleumdung, Verdrehung und Verhetzung«[241] bezeichnete, war die SDS-Gruppe Frankfurt in ihrem Flugblatt nach dem Mordanschlag auf Rudi Dutschke überzeugt: »Der systematische Aufbau des inneren Feindes ist das Mittel der autoritären Politiker, ihre Ziele durchzusetzen. Sie weinen jetzt Krokodilstränen, sie heucheln Entsetzen und Menschlichkeit. In

Protest gegen die Notstandsgesetze, Berlin Mai 1968

Wahrheit beruht ihre Stellung selbst auf Gewalt; und sie verschärfen diese gegen die außerparlamentarische Bewegung. Weitere Gewaltmittel sollen mit den Notstandsgesetzen bereitgestellt werden, die in den nächsten Wochen im Bundestag durchgepeitscht werden sollen.«[242] Bundesinnenminister Benda hatte am 30. April 1968 – nach den ›Osterunruhen‹ – vor dem Bundestag gefordert, die Bundesregierung müsse ermächtigt werden, »bei überregionalen Störungen der Sicherheit und Ordnung den Einsatz der Polizei koordinierend zu leiten«.[243]

Über 60000 Demonstranten aus der gesamten Bundesrepublik beteiligten sich schließlich an dem ›Sternmarsch auf Bonn‹, obwohl der DGB zur gleichen Zeit eine eigene Protestveranstaltung in Dortmund inszenierte. So konnte es niemanden überraschen, daß der Appell des SDS an die Gewerkschaften, einen Generalstreik gegen die Notstandsgesetze auszurufen, ungehört verhallte. In den letzten zwei Wochen vor der geplanten endgültigen Verabschiedung der ›Notstandsgesetze‹ im Deutschen Bundestag entwickelte sich eine ganze Serie von Protest- und Widerstandsaktionen, die vor allem in den größeren Universitätsstädten der Revolte neuen Schub gab und zugleich eine politische Eigendynamik entfaltete, die mit der ›offiziellen‹ Kampagne gegen das Gesetzesvorhaben der ›Großen Koalition‹ in Bonn kaum etwas zu tun hatte. »Der Unterricht in Schulen wurde unterbrochen, in Universitäten fielen Vorlesungen aus, Türen wurden verbarrikadiert, der gesamte Lehrbetrieb mußte lahmgelegt werden. Schüler stürmten ihre Schulen, der Verkehr wurde blockiert. Hunderttausende demonstrierten, Studenten lieferten sich verbale und physische Schlachten, Gewerkschaftshäuser wurden gestürmt, Theater besetzt, Universitäten wurden zu Streikzentren, Hörsäle zu Schlafsälen, Hungerstreiks lösten den verbalen Widerspruch ab, Polizisten griffen zu ihren Pistolen, es entstand erheblicher Sachschaden, Flugblätter wurden gedruckt, und in nächtelangen Diskussionen war an Schlaf nicht zu denken«[244] – selbst im osthessischen Fulda gelang es Anti-Notstands-Kämpfern, nach einer Demonstration in der Innenstadt in das Stadtschloß einzudringen und einen Sitzstreik vor dem Amtszimmer des Bürgermeisters zu veranstalten, während sich vor der Heidelberger Universität Streikposten eine Stunde lang mit Burschenschaftlern herumprügeln mußten. Als Bonner Protestierende während einer Aufführung von Shakespeares ›Hamlet‹ ins Stadttheater eindrangen, um mit dem Publikum über die Notstandsgesetze zu diskutieren, trafen sie auf erbitterten Widerstand. »Ihr Verbrecher, geht zu Ulbricht!« scholl es ihnen entgegen.

Am 27. Mai 1968 war die Stunde der »ad-hoc-Gruppe der Germanistik« an der Freien Universität in Berlin gekommen. Um sieben Uhr morgens trafen sich vierzig Studenten am verabredeten Treffpunkt, die meisten mit Herzklopfen und einem flauen Gefühl im Magen. »An der Tür des Germanistischen Seminars in der Boltzmannstraße 3 angelangt, griff einer zur Brechstange und zerschlug entschlossen die Scheiben der Tür. Gerhard rannte in das Seminar und griff den großen Schlüsselbund, den eine Putzfrau hatte hängen lassen; hinter ihm her drei kreischende Putzfrauen und der Hausmeister. Aber die eingedrungenen Germanisten sagen: ›Das Seminar ist besetzt, bitte gehen Sie alle raus!‹ Mit Möbeln bauten sie eine Barrikade am Eingang auf, alles locker übereinandergetürmt, so daß sie zusammenstürzte, wenn sich jemand mit Gewalt Eingang verschaffen wollte. Die Wasserschläuche wurden angeschlossen für die Verteidigung. Der Ordnungsdienst vom Republikanischen Club Berlin kam und verteilte Tränengasmasken – Plastiktüten mit Mullbinden, getränkt mit Zitronensaft. Im oberen Stockwerk war die Kommune 1 eingezogen und installierte einen großen Lautsprecher, das ›Radio Rosa Luxemburg‹ dröhnte mit Beatrhythmen über den ganzen Campus.«[245]

Nach sechsstündiger Diskussion auf einer Vollversammlung aller Germanisten im Auditorium Maximum votierte eine überwältigende Mehrheit für die Besetzungsaktion. Obwohl den Besetzern inzwischen der Strom abgestellt worden war und sie sich Ölfunzeln von Baustellen holen mußten, war die Stimmung bestens. Nun wurde beraten, was denn »mit all diesen Büchern« werden solle. »Einer nahm ein Buch aus dem Regal und warf es auf den Boden. Entsetzen. In der Ecke stand blaß der Bibliotheksleiter Bang im Regenmantel. Er schluckte und murmelte: ›Das ist Klopstock.‹ Die Tränen standen ihm in den Augen. Auch Studenten waren bedrückt. Ihre Produktionsmittel.«[246] Die wollten sie sich ja gerade »aneignen«. Dieter Kunzelmann schlug vor, sie an die Basisgruppen oder das Zuchthaus Tegel zu verschenken. Eine Studentin hatte die Idee, alle Seminarbibliotheken, die thematisch verwandt seien, ins umgetaufte ›Rosa-Luxemburg-Institut‹ der Germanisten zu bringen. Fritz Teufel warnte vor der dann entstehenden drangvollen Enge. Ein anderer meinte, das »Bücherproblem« gehöre in den Zusammenhang der Frage nach der neuen Germanistik. Man beschloß, Arbeitskreise zu bilden. Als die Matratzenlager zum Schlafen aufgesucht wurden, prangten bereits viele Parolen an den bis dahin kalkweißen Wänden: »Wie fatal, wo gestern Göte stand, schläft heute Dieter Kunzelmann« – »Schlagt die Germanistik tot, macht die blaue Blume rot«.[247]

Unter der ständigen Drohung eines Angriffs der Jungen Union, die immer wieder Rauch- und Stinkbomben ins Seminar warf, wurden Forderungen zur Veränderung der

Das Germanische Seminar nach der
Besetzung, Freie Universität Berlin, 1968

Germanistik ausgearbeitet. Dazu gehörte ein Lehrplan-»Projekt« für das kommende Wintersemester unter dem Oberthema »Ideologie als Produkt und Agens im geschichtlichen Prozeß«. Auf einer weiteren Vollversammlung kündigte die Gruppe ziemlich entnervt die Beendigung der Besetzung an. Später schrieben sie selbstkritisch: »So wirkungslos die vom Rektorat verhängten Sanktionen waren, den studentischen Versuch, die Verfügungsgewalt über die Produktionsmittel zu erlangen, kurzerhand zu liquidieren, so offen muß doch eingestanden werden, daß wir nicht wußten, was in der Germanistik eigentlich Produktionsmittel sein kann.«[248] Der Versuch, dem »kapitalistischen Notstandsstaat« eine »Gegen-Germanistik« als Modell einer autonomen Verfügung über die »Produktionsmittel« entgegenzusetzen, war gescheitert. Aber der Widerstands- und Lebenswille der Revolte ließ sich nicht so rasch entmutigen.

In Frankfurt machte – nicht zum ersten Mal – eine Repressionsmaßnahme neuen Mut. Der Rektor der Universität ließ die Hochschule, nachdem ein unterbrochener Streik wiederaufgenommen werden sollte, kurzerhand für eine ganze Woche schließen, weil deren »Zugang unter zumutbaren Umständen nicht möglich« sei. Daraufhin beschlossen 2000 Studenten auf einem teach-in, sich den Zugang zum Rektorat zu verschaffen, um dort die Zentrale der Streikkomitees einzurichten. Nach der Besetzung des Rektorats setzte sich vom Campus der Johann-Wolfgang-Goethe-Universität ein Demonstrationszug zum Römerberg in Bewegung, wo er mit mehreren anderen zusammentraf. Etwa 15000 Demonstranten, unter ihnen viele Arbeiter und Angestellte, hatten sich zu einer Protestkundgebung versammelt, auf der SDS-Sprecher Hans-Jürgen Krahl zum »politischen Streik« als Vorstufe des Generalstreiks aufrief: »Es lebe die praktische Solidarität der Arbeiter, Studenten und Schüler!« Alle Anwesenden bat er mitzuhelfen, »die Universität als ein Aktionszentrum gegen die Notstandsgesetze zu erhalten«.[249] Am Tag darauf wird die Johann-Wolfgang-Goethe- in ›Karl-Marx-Universität‹ umbenannt: Das Projekt der ›Politischen Universität‹ beginnt. Ein großangelegtes Seminarprogramm mit allen Themen, die revolutionäre Studenten interessieren können, soll für intensive theoretisch-politische Diskussionen sorgen. Vor dem besetzten Rektorat streiten Studenten über die Rechtmäßigkeit, die Alkohol- und Zigarrenvorräte des Rektors zu dezimieren. Am Mittwoch, den 29. Mai 1968, kommt Rudi Arndt, Mitglied der hessischen Landesregierung, in die Universität und erklärt dem Streikkomitee: »Wir lassen uns diesen Staat nicht von euch zerstören.«

Am folgenden Tag, am 30. Mai 1968, räumen zwei Hundertschaften der hessischen Polizei die besetzte Universität, nachdem angeblich in der Nacht zuvor die Aktenschränke im Rektorat aufgebrochen und Akten herausgerissen worden seien: »Herr Krahl und andere riefen zu diesen Gewalttaten auf, um die nunmehr fällige Revolution durchzusetzen«, schildert Rektor Walter Rüegg die Notsituation. »Die Leute, die vom Rektorat in das Hauptgebäude ausschwärmten, waren sehr aggressiv und zum Teil alkoholisiert.«[250] Auf einem spontan organisierten teach-in vor den Polizeiketten, die den Campus abriegeln, sagt Hans-Jürgen Krahl, daß in der Nacht im Rektorat »etwas durcheinander gegangen« sei. Man solle nun aber nicht politische auf »vorpolitische« Probleme verlagern. Einige Ex-Besetzer begründen ihre alternative Akteneinsicht mit dem Bedürfnis, sich einen Überblick über die laufenden Disziplinar- und Strafverfahren gegen Studenten zu verschaffen und die Korrespondenz des Rektors mit dem Verfassungsschutz zu überprüfen. Als bis zum Abend die Forderung der Studenten nach Abzug der Polizei und Offenlegung von Disziplinar- und Prüfungsakten nicht beantwortet wird, beschließen die Versammelten, eine Verkehrsblockade durchzuführen. Diese endet schließlich im vorletzten Akt: Das Schauspielhaus wird besetzt. Am selben Abend hält dort Professor Peter Brückner seinen Vortrag, der auf dem Programm der ›Politischen Universität‹ stand: ›Thesen zur Politisierung der Wissenschaften‹. 3000 Menschen hören zu.

Am nächsten Morgen, Freitag, den 31. Mai 1968, durchsucht die Polizei die Büroräume des SDS-Bundesvorstands in Frankfurt, angeblich, um dort gestohlene Rektoratsutensilien aufzustöbern.

Am Mittwoch, den 5. Juni 1968, rollen die Ordnungskräfte ihren Stacheldraht auf dem Campus wieder ein und geben das Hausrecht der Universitätsleitung zurück, die unverzüglich Strafanzeige »gegen Krahl, andere und Unbekannt« erstattet. Gegen zehn andere Studenten werden Disziplinarverfahren eingeleitet. Außerdem erhebt die Universität in den kommenden Wochen Zivilklage gegen einige »namentlich Bekannte« und den SDS. Bereits am 30. Mai 1968 waren die ›Notstandsgesetze‹ mit den Stimmen von CDU/CSU und SPD in dritter und letzter Lesung vom Deutschen Bundestag verabschiedet worden. In ihrer ›Konkret‹-Kolumne vom Juni 1968 schrieb Ulrike Meinhof: »Wir haben die politische Demokratie verteidigt, anstatt die gesellschaftlichen Mächte, die Unternehmerverbände samt ihren Dependancen in Staat und Gesellschaft selbst anzugreifen. Wenn wir so weiter machen, ist es leeres Geschwätz gewesen, daß auch nach der Verabschiedung der Gesetze der Kampf weiter ginge. Nun müssen wir es aber auch tun. Die Demokratisierung von Staat und Gesellschaft ist das Ziel.« Nicht nur Ulrike Meinhof war unzufrieden, kritisierte den insgesamt »defensiv« geführten Kampf gegen die ›Notstandsgesetze‹ und hoffte auf seine offensive Fortsetzung, um »die Diktatoren in Staat und Gesellschaft zu entmachten«.[251] Auch der SDS übte Selbstkritik. Die Heidelberger Genossinnen und Genossen etwa stellten am Ende ihrer Widerstandsaktionen, in deren Verlauf die Universität tagelang besetzt worden war, fest: »Die Dialektik von Reform und Revolution trifft für die Studentenbewegung nicht ohne weiteres zu. Die Organisation der Studenten am Arbeitsplatz mit dem Ziel der Revolutionierung der Wissenschaften läuft Gefahr, mit einer Revolutionierung der Philosophischen Fakultät zu enden.«[252] Nachdem es dem SDS gelungen sei, »eine erstaunlich große Anzahl von Studenten zu mobilisieren«, stelle sich ihm nun »konkret die Frage der Organisation dieser Massen«. Es müßten jetzt praktische Möglichkeiten gefunden werden, wie diese Massen, »die aus der Aktion immer wieder in die Rolle des Publikums zurückzufallen drohen, zum festen Kern einer zukünftigen breiten revolutionären Organisation werden können«.[253]

So hatte der eher bürgerlich-radikaldemokratisch inspirierte Kampf gegen die ›Notstandsgesetze‹ in seiner letzten ›heißen‹ Phase, die direkt dem ›Osteraufstand‹ folgte, die Frage der Revolution endgültig auf die Tagesordnung gesetzt. Im Kursbuch Nummer 14 vom August 1968 mit dem Titel ›Kritik der Zukunft‹ formulierten der Exil-Iraner Bahman Nirumand und der West-Berliner Eckhard Siepmann die Perspektive: »Die entfesselten Produktivkräfte einer befreiten Gesellschaft und die permanente Kulturrevolution werden gewährleisten, daß zum ersten Mal in der Geschichte der Menschheit eine Gesellschaft existiert, deren Inhalt mit ihrer Form identisch ist: Der permanenten Erneuerung der Demokratie entspricht die permanente Revolution.«[254] Kursbuch-Herausgeber Hans Magnus Enzensberger, der für diese Nummer einen Wettbewerb für den »besten Gedanken für die Zukunft« ausgeschrieben hatte – eine der 72 Einsendungen trug die Überschrift »Zwanzigjahresplan zur Abschaffung der Geldwirtschaft« –, verteidigte das Preisausschreiben gegen den Vorwurf, die Formulierung einer konkreten Utopie sei »verfrüht«, mit dem Argument, ein solcher Einwand berechtige jedenfalls nicht »zum Warten auf den Tag der Revolution«: »Nicht daß konkrete Utopie der politischen Praxis davonläuft und sich ›ideell über sie erhebt‹, ist heute die Gefahr der anti-autoritären Bewegung, sondern daß sie hinter ihr herhinkt.«[255]

Im Verlauf eines Gespräches zwischen Hans Magnus Enzensberger, Rudi Dutschke, Bernd Rabehl und Christian Semler »über die Zukunft«, das schon im Oktober 1967 geführt worden war und erst im Kursbuch 14 vom August 1968 veröffentlicht wurde, entwarfen die SDS-Revolutionäre auch eine »konkrete Utopie« für Berlin, die von einem ungeheuren Fortschrittsoptimismus zeugte: Zukunft am revolutionären Reißbrett: »Wenn es die Computer nicht gäbe, müßten sie förmlich erfunden werden für die Räteverfassung«, sagte Christian Semler. »Die Landwirtschaft können wir ganz abschaffen«, meinte Rudi Dutschke. Man solle auf die »halbbäuerlichen Ansätze verzichten, sie beseitigen, um Land in Lichterfelde, Marienfelde etc. zu gewinnen für den Aufbau von Lebenszentren für die freie Zeit.« Bernd Rabehl fügte hinzu: »Wenn es je gelingen sollte, die Arbeitszeiten so weit zu reduzieren, dann wird natürlich auch ein jeder zum Politiker. Es ist tendenziell auch ein jeder Künstler.« Christian Semler ergänzte: »Ich glaube, bestimmte Spezialistenfunktionen muß man einfach abschaffen. Zum Beispiel darf es nie mehr Richter geben, es darf nie mehr einen Justizapparat geben, und das ist meiner Ansicht nach durch Technologie erreichbar.« Rudi Dutschke träumte von »Räteschulen«, die einen »Lernprozeß durch die verschiedenen Produktionssphären hindurch in Gang setzen, um sie kennenzulernen, zu begreifen, sich anzueignen. Das heißt, ganz Berlin wäre eine Universität, wir hätten eine lernende Gesellschaft.«[256]

Im Sommer des Jahres 1968 herrschte unter denen, die den Sprung von der Revolte zur Revolution erwarteten, gerade *weil* die Revolte zum Stillstand zu kommen drohte, ein durchaus ambivalentes Gefühl: »das Gefühl, ›die Revolution steht vor der Tür‹ – uns muß nur der richtige nächste Schritt einfallen und: Der Faden darf nicht abreißen.«[257]

Daß er vorerst nicht abriß, dafür sorgte die Stimmung unter zehntausenden von Jugendlichen, die auch jenseits der engeren Zirkel der Revolte, ihrer politischen und geographischen Zentren, das fühlten und dachten, was Jimi Hendrix ausdrückte, als er gefragt wurde, was er denn von seinem Leben wolle: »Eigentlich nichts Besonderes. Eine Frau lieben, einen guten alten Blues spielen, ab und zu einen Joint rauchen, gut essen, gut trinken. Ganz normale Sachen. Aber das kannst du nicht, solange die pigs regieren. Da muß noch viel passieren, bis alle ganz normale Sachen machen können. Es ist noch viel Kampf nötig.«[258]

Ganz normal war für viele, daß man eigentlich eine Revolution machen mußte, um einen wirklich guten Blues spielen zu können – so normal wie die Vorstellung Rudi Dutschkes, aus ganz Berlin eine einzige Universität zu machen. Als hätte man von einem Dampfkessel den Deckel abgenommen, so sprudelten im Sommer 1968 die Ideen und Bilder, Hoffnungen und Forderungen ins Freie. Der Kampf ging ständig weiter, war unendlich kompliziert und schwierig, aber doch auch ganz klar und einfach: die »permanente Revolution« eben, und was heute nicht klappen wollte, würde sich gewiß morgen, spätestens übermorgen verwirklichen lassen. Eine andere Zeit war angebrochen. Sie ließ sich nicht mehr aufhalten. Die sie trotzdem aufhalten, gar zurückdrehen wollten, die Organe des Staatsapparats, die Repräsentanten der Manipulations- und Verblödungsmaschinerie, die zögernden Liberalen und die »alten, ewigen Sozialdemokraten«, die »immer nur reden und reden und reden«, die Kräfte von Reaktion und Konterrevolution also, bewiesen durch ihre Aktivitäten nur, daß sie den Gegner fürchteten: die Revolution. So konnten auch alle Repressionen und Rückschläge nichts an der Perspektive insgesamt ändern, die Großes und Kleines verband: den Kampf um die ›Drittelparität‹ an den Hochschulen mit der revolutionären Entwicklung in Kuba, die Besetzung eines Jugendzentrums mit den Offensiven des Vietcong im Mekong-Delta. Die Atmosphäre war von Zukünftigem gesättigt, das die Gegenwart, auch wo sie trist war, mit warmen, hellen Strahlen beschien.

Getrieben vom Rückenwind der Geschichte fühlte man sich stark, auch wenn er manchmal ins eigene Gesicht blies. Eigentlich unbesiegbar. Und das schien damals ganz normal. »Das eigene Leben war bei uns allen in einem tollen Durcheinander«,[259] erinnert sich Bernd Rabehl. Joscha Schmierer, Heidelberger SDS-Matador und Mitglied der Chefredaktion des vom AStA herausgegebenen ›forum academicum‹, in dessen Nummer 5/1968 im Editorial dazu aufgerufen wurde, das Blatt von »seiner akademischen Zwangsjacke zu befreien« und zu einem »Instrument der Revolution« zu machen, beschrieb damals die objektiv-ironische Dialektik des Kampfes so: »Natürlich hat der bestehende Apparat das meiste auf seiner Seite – auch die Professoren. Aber was haben die auf ihrer Seite außer ihren frustrierenden Seminaren und Vorlesungen, in denen sie den Keim der Rebellion pflegen, indem sie ihn bekämpfen?«[260] Einer jener Professoren, die diesen Kampf mit dem Gedanken an »die alte Staatsmaxime Frankreichs: ›L'autorité ne recule pas... Die Autorität weicht nicht zurück«[261] führten, war Carlo Schmid, seit November 1966 Bundesratsminister der Großen Koalition in Bonn. In seinen ›Erinnerungen‹ aus dem Jahre 1979 klingt die Schilderung eines ›go-in‹ des SDS und »anderer radikaler Gruppen« während seiner Vorlesung an der Frankfurter Universität – ›Theorie und Praxis der Außenpolitik‹ – wie der Bericht von einem letzten Gefecht: »Der Saal, der acht- bis neunhundert Zuhörer faßt, war überfüllt. Die Radikalen hatten das Fernsehen verständigt; die Kameras standen hinter den oberen Reihen; die Scheinwerfer waren eingeschaltet. Beim Betreten des Hörsaales empfing mich schüchternes Trampeln, einiges Händeklatschen; da und dort wurde gezischt. Unmittelbar am Podium, auf dem das Katheder und das Mikrophon standen, hockten mir wohlbekannte Radikale am Boden. Eine Viertelstunde nach Beginn der Vorlesung hörte ich an der Tür hinter dem Katheder, dem Notausgang, Gepolter. Die Tür wurde eingedrückt, an die dreißig Studenten stürzten herein, stellten sich neben und hinter mich und riefen im Takt: ›Wir wollen diskutieren.‹ Ich ließ sie schreien, als störe mich der Lärm nicht. Als mir ein paar Handvoll Büroklammern auf mein Manuskript und ins Gesicht geworfen wurden, wandte ich mich zu ihnen: ›Meine Damen und Herren, an diesem Platz spricht von elf bis dreizehn Uhr nur einer – und das bin ich. Scheren Sie sich vom Podium!‹ Ich drückte die Studenten, die sich an meinen Platz stellen wollten, beiseite und fuhr mit der Vorlesung fort. Da faßte einer das Mikrophon und versuchte, es mir wegzureißen. Ich griff ihn an Schulter, Hals und Arm und drückte so lange zu, bis er das Mikrophon fahren ließ. Ich stellte es an seinen Platz und sprach weiter. Da kam erster Beifall aus dem Saal. Es wurde getrampelt, geklatscht, der Ruf ›Rotfront raus!‹ ertönte, und ich spürte, daß ich schon halb gewonnen hatte. Doch der Krach ging weiter.« Nach der planmäßigen Pause »saßen links und rechts der Stufen zum Katheder Studenten und noch mehr Studentinnen, die Füße oder Hände über den Stufen gespreizt, um mich am Gehen zu hindern. Ich sah mir das an und sagte: ›Meine Damen und Herren, mein Katheder steht dort unten; und dorthin werde ich jetzt gehen. Wenn Sie Ihre Hände und Füße nicht von den Stufen nehmen, werde ich leider nicht vermeiden können, auf sie zu treten.‹ Ich zählte bis drei und hob meinen Fuß. Auf der ersten Stufe verschwanden die Hände, einige Füße rückten zur Seite. Offenbar scheuten ihre Besitzer mein Körpergewicht. So ging es weiter von Stufe zu Stufe, bis ich unten angekommen war. Auf dem Podium standen immer noch die Studenten vom SDS; das Katheder hatten mein Assistent und einige Famuli freigehalten. Nun versuchten die Störer mit rhythmischem Händeklatschen, den Fortgang meiner Vorlesung unmöglich zu machen. Im Sprechchor riefen sie ›Notstandsminister weg!‹ und anderes mehr. ›Manifeste‹ wurden an die Tafel geschrieben. Sicher haben viele meiner Zuhörer mich nicht mehr verstehen können, aber die Vorlesung führte ich zu Ende.«[262] Carlo Schmid war keinen Zentimeter vor der Revolte zurückgewichen. Die aber war noch nicht zu Ende.

Befreit BOMM
Macht kaputt,
was Euch kaputt macht

5

Worin auf SDS-Delegiertenkonferenzen über den Fortgang der Revolution gestritten wird, die Frauen den Aufstand gegen die »sozialistischen Eminenzen« proben, der SDS im März 1970 formell seine Auflösung bekannt gibt und der Zerfall der Revolte einen wahren Parteigründungsboom auslöst

Ein Bericht über die Entwicklung des SDS im vergangenen Jahr muß davon ausgehen, daß der Verband als autonome Einheit gegenwärtig überhaupt nicht sinnvoll darzustellen ist. Der SDS hat sich wesentlich in die antiautoritäre Bewegung aufgelöst, deren nominelle Spitze er darstellt.«[263]

Harte Selbstkritik zu Beginn des ›Rechenschaftsberichts des Bundesvorstandes zur 23. ordentlichen Delegiertenkonferenz des SDS‹ vom 12. bis 16. September 1968 in Frankfurt. Obwohl die Rebellion der Studenten, zuerst in Berlin, dann in der gesamten Bundesrepublik, schon längst zu einer Jugendrevolte mit revolutionären Ansprüchen geworden war, befand sich der SDS immer noch in der Rolle des »obersten Repräsentanten«, des Schrittmachers und Interpreten, eine Art Stellvertreter für eine politische Avantgarde, die es nicht gab, weil die neu zur Revolte Gestoßenen – von Passau bis Flensburg – sie nicht gebildet hatten. So führten die inzwischen durch Presse, Funk und Fernsehen bekannten SDS-Strategen ihre Perspektivdiskussionen als Generäle ohne Truppen. Die revoltierten zwar weiter, aber eher in marodierenden Gruppen als in revolutionärer Schlachtordnung.

Da schiß der Berliner Kommunarde Karl-Heinz Pawla während seiner Verhandlung vor den Richtertisch des Moabiter Kriminalgerichts, wofür er ein tagelanges Darmtraining absolviert hatte, und wischte sich anschließend mit Gerichtsakten den Hintern ab, was zu einer zweitägigen Unterbrechung des Verfahrens und einer Verurteilung wegen ›Richterbeleidigung‹ – zehn Monate Gefängnis ohne Bewährung – führte; da versuchten 2000 Demonstranten, die Polizeiketten vor der Frankfurter Paulskirche zu durchbrechen, um gegen die Verleihung des ›Friedenspreises des Deutschen Buchhandels‹ an den Schriftsteller und Präsidenten Senegals, Senghor, zu protestieren, dem sie Kollaboration mit dem Imperialismus vorwarfen. Als Daniel Cohn-Bendit nach einem Hechtsprung über das Absperrgitter von Polizisten zusammengeschlagen und abgeführt wurde, stürzten die Demonstranten Autos um und errichteten Barrikaden;

selbst auf dem CDU-Parteitag in der Berliner Kongreßhalle setzte sich die Kontinuität der ›direkten Aktion‹ fort: Beate Klarsfeld ohrfeigte Bundeskanzler Kiesinger. Aber all diese Anstrengungen mündeten eben noch lange nicht in die Offensive gegen den Staatsapparat, auch nicht in jene ›Justizkampagne‹, die der SDS wegen der ungefähr tausend Strafverfahren gegen die Aufständischen seit Ostern 1968 initiieren wollte; im Gegenteil, sie führten ihr immer neues ›Material‹ zu.

So mühte sich die SDS-Intelligenz mit der dialektischen Synthese von individuellem Protest gegen die bürgerliche Rechtsprechung und der »Konsolidierung der Protestbewegung als Organisation des offensiven Widerstands«[264] und versuchte, über die ›Organisationsfrage‹ wieder Boden unter den Füßen zu gewinnen. Der Zauberlehrling der Revolte suchte nach einer revolutionären Ordnung für die disparaten Geister. Dabei kristallisierten sich drei Hauptströmungen in- und außerhalb des SDS heraus: die einen meinten, ein geschlossener Begründungszusammenhang, etwa »von den toten Kosten im Kapitalverwertungsprozeß bis hin zum gelungenen Orgasmus«,[265] könnte die strategische Handlungsanweisung bilden. Das waren die ›Ableitungsfreaks‹, häufig bitterernste Gesellen. Andere hielten gar nichts von solcher Abstraktion und gaben »jede theoretische Legitimation von Organisation und Praxis«[266] auf – eine »blinde Wiederholung bürgerlichen Konsumverhaltens«, wie die dritte Gruppe meinte, welche »die praktische und organisatorische Arbeit jeweils exemplarisch legitimieren«[267] wollte. Die bestand vor allem aus jenen ›Antiautoritären‹ des Frankfurter SDS, die Adorno im Hörsaal bekämpften und zu Hause begeistert seine Bücher lasen. Sie hielten besonders an dem kritischen Gedanken fest, »daß die Spannung zwischen theoretischen Prinzipien und pragmatischen Schwierigkeiten stets neu ausgehalten werden muß«, daß Emanzipation weder durch »falsche Unmittelbarkeit fetischisiert« noch durch schlechte Abstraktion mit einem »starren technischen« Instrumentarium ›organisiert‹ werden darf.[268] Andere SDSler, für die die ›Organisationsfrage‹ explizit die »Krise der revolutionären Bewegung« ausdrückte, argwöhnten schnell eine »Renaissance der adornitischen generellen Praxisfeindlichkeit«, die die »ersten Anzeichen der Krise der revolutionären Bewegung« schon gleich »zur objektiven Unmöglichkeit der Revolution hypostasiert«: »Die vorwiegend existentialistische Motivation vieler Studenten droht sich gegen jede Form kontinuierlicher politischer Arbeit zu wenden. Sie kann nicht durch bloße Appelle überwunden werden, sondern durch ihre praktische Widerlegung im Nachweis der objektiven Möglichkeit revolutionärer Veränderung in konkreten Aktionen mit konkretem Ergebnis.«[269]

Die aktuellen Schwierigkeiten, die zuweilen von nahem betrachtet geradezu ausweglos schienen, ließen eine fast paradoxe Situation entstehen: Weil es ja weitergehen *mußte*, verband sich eine harte (Selbst-)Kritik mit revolutionärem Optimismus. Bernd Rabehl, der im ›Kursbuch‹-Gespräch über die Zukunft noch voraussagte, die »radikale Intelligenz« werde »die Bürokratie« und »die Polizei« zerstören,[270] schrieb über die Projektgruppen im SDS, »die die neue Struktur des SDS abgeben sollten, indem sie wissenschaftliche Arbeit, emanzipatorische Bedürfnisse und Aktionen koppeln sollten«, im September 1968 in einem Artikel für eine kubanische Zeitschrift: »Unter dem Druck der Ereignisse lösten sie sich auf, ohne auch nur in Ansätzen Solidarität herzustellen oder verbindliche Diskussionen einzuleiten. Die Mitglieder informierten sich schüchtern in der bürgerlichen Presse über die Ansichten ihrer Opinionleader und plapperten sie leutselig nach, weil die theoretische Ableitung der Strategien ihnen unklar blieb: Radikale Phraseologie, Mutmaßungen über eine schöne Welt und Straßenguerilleros ersetzten theoretische Arbeit und Diskussion und machten politische Aktionen zu Abenteuern. In dieser Periode war der SDS eher vergleichbar mit einem kleinbürgerlichen Sportverein, der sich im Spiel ›Räuber und Gendarm‹ übte als mit einer proletarischen Avantgarde. Erst in der nächsten Phase des Kampfes wird sich zeigen, ob die Praxis des SDS und seine Organisationsstruktur sozialrevolutionär emanzipatorische Züge trug, oder ob die soziale Konstellation in der Bundesrepublik, vor allem nach 1961, die Borniertheit und die irrationale Herrschaft des Regierungskartells des deutschen Imperialismus eine derartig utopisch radikale Intellektuellenbewegung hervorbringen mußte, die jedoch keine weitreichende geschichtliche Bedeutung als Avantgarde der sozialistischen Revolution in den Metropolen erringen konnte.«[271]

Die Lage war ernst, aber man war immer noch voller revolutionärer Hoffnungen, als Helke Sander vom »Aktionsrat zur Befreiung der Frauen« ans Mikrophon der 23. SDS-Delegiertenkonferenz in Frankfurt trat, die zweite Frau, die bis dahin überhaupt das Wort ergriffen hatte: »Liebe Genossinnen, Genossen. Der Landesverband Berlin des SDS hat mir einen Delegiertenplatz gegeben, obwohl nur wenige von uns Mitglieder des Verbandes sind. Wir sprechen hier, weil wir wissen, daß wir unsere Arbeit nur in Verbindung mit anderen progressiven Organisationen leisten können, und dazu zählt unserer Meinung nach heute nur der SDS. Die Zusammenarbeit hat jedoch zur Voraussetzung, daß der Verband die spezifische Problematik der Frauen begreift. Wir stellen fest, daß der SDS innerhalb seiner Organisation ein Spiegelbild gesamtgesellschaftlicher Verhältnisse ist. Dabei macht man Anstrengungen, alles zu vermeiden, was zur Artikulation dieses Konflikts zwischen Anspruch und Wirklichkeit beitragen könnte. Diese Tabuisierung hat zur Folge, daß das spezifische Ausbeutungsverhältnis, unter dem die Frauen stehen, verdrängt wird. Man gewährt zwar den Frauen Redefreiheit, untersucht aber nicht die Ursachen, warum sie sich so schlecht bewähren, warum sie so passiv sind. Die Trennung zwischen Privatleben und gesellschaftlichem Leben wirft die Frau immer zurück in den individuell auszutragenden Konflikt ihrer Isolation. Wir können die gesellschaftliche Unterdrückung der Frauen nicht individuell lösen. Wir können damit nicht auf Zeiten nach der Revolution warten. Wir streben Lebensbedingungen an, die das Konkurrenzverhältnis zwischen Mann und Frau aufheben. Dies geht nur durch Umwandlung der Produktionsverhältnisse und damit der Machtverhältnisse, um eine demokratische Gesellschaft zu schaffen. Die Hilflosigkeit und Arroganz, mit der wir hier auftreten müssen, macht keinen besonderen Spaß. Genossen, eure Veranstaltungen sind unerträglich. Ihr seid voll von Hemmungen, die ihr als Aggressionen gegen die Genossen auslassen müßt, die etwas Dummes sagen oder etwas, was ihr schon wißt. Warum sagt ihr nicht endlich, daß ihr kaputt seid vom letzten Jahr, daß ihr nicht wißt, wie ihr den Streß länger ertragen könnt. Warum diskutiert ihr nicht, bevor ihr neue Kampagnen plant, darüber, wie man sie überhaupt ausführen soll? Warum sprecht ihr denn hier vom Klassenkampf und zu Hause von Orgasmusschwierigkeiten? Ist das kein Thema für den SDS? Genossen, wenn ihr zu dieser Diskussion nicht bereit seid, dann müssen wir allerdings feststellen, daß der SDS nichts ist als ein aufgeblasener konterrevolutionärer Hefeteig.«[272]

Wegen anhaltender Irritation und verfahrener Strategiedebatte wurde die 23. SDS-Delegiertenkonferenz abgebrochen und auf Mitte November nach Hannover vertagt. Bis dahin hatten sich schon mehrere Frauengruppen gegründet; in Frankfurt gab es alsbald einen ›Weiberrat‹. Die Frauenbewegung der siebziger Jahre kündigte sich an.

Am letzten Tag der abgebrochenen Delegiertenkonferenz kam es noch zu einem kurzfristigen Bündnis zwischen kiffenden ›Hippies‹ und SDS-Genossen, denen bloß abstrakt die Köpfe rauchten. Als der Chef des ›Literatencafés‹ Laumer, in dem Suhrkamp-Lektoren und Journalisten mit Schlips und Anzug, aber auch Habermas und Adorno verkehrten, einer Handvoll Langhaariger und Bärtiger die Türe wies – »In diesem Aufzug werden Sie hier nicht bedient« – und die Polizei holte, die die hungrigen ›Gammler‹ aufs Revier mitnahm, beschloß man ein ›go-in‹, das in einer Tortenschlacht mit der erneut angerückten Polizei endete. Fritz Teufel saß auf dem Glastresen und forderte eine Diskussion mit dem Chef-Konditor, denn der sei »nicht schlecht, sondern nur verblendet«. »Bitte lassen Sie das Werfen, Herr Teufel!« war die einzige Antwort des Konditormeisters.

Am 4. November 1968 kam es am Tegeler Weg in Berlin zu einer ganz anderen Schlacht, zur »turbulentesten Stra-

Vor Gericht: Axel C. Springer, Horst Mahler, sein Verteidiger Otto Schily

ßenschlacht der deutschen Nachkriegsgeschichte«, wie damals die ZEIT urteilte. Anlaß war ein Ehrengerichtsverfahren gegen Rechtsanwalt Horst Mahler, dem das Berliner Landgericht vorhielt, er habe sich am Gründonnerstag 1968 nach den Schüssen auf Rudi Dutschke an den Demonstrationen vor dem Springer-Hochhaus in einer Weise beteiligt, die mit den Pflichten eines Anwalts unvereinbar sei. »Der Generalstaatsanwalt warf ihm vor, er habe das Springer-Haus gestürmt. Nun stürmten sie für ihn. Schon im ersten Anlauf, mit wehenden Fahnen und Sprechchören ›Hände weg von Mahler‹, durchbrachen die Demonstranten die Polizeibarrieren. Berlins Polizisten waren diesem massiven Angriff nicht gewachsen: sie wichen zurück. Auch ihre gepanzerten Wasserwerfer konnten den Ansturm nicht bremsen. Denn erstmals erprobten die linken Militanten Kampfmittel Pariser Art: Pflastersteine und – als Arbeiterersatz – die Schützenhilfe einer Rockerbande. Sie eroberten einen polizeieigenen Wasserwerfer und richteten den scharfen Strahl auf die zurückweichenden Polizisten, die mit ihren Gummiknüppeln kaum noch etwas ausrichten konnten. Als den Demonstranten die Straßenmunition ausgegangen war, kam ihnen ein Zufall zu Hilfe. Sie stoppten einen mit Ziegelbruch beladenen Lastwagen und bedienten sich. Nun verloren auch einige der Polizisten ihre Beherrschung, nachdem Kollegen von ihnen verletzt worden waren und abtransportiert werden mußten. Sie warfen die Steine zurück. Zum ersten Mal wurden auch Tränengasbomben eingesetzt, doch der Wind stand schlecht. Noch einmal mußten die glücklosen Polizisten, mittlerweile um einige Hundertschaften verstärkt, zurückweichen; das beißende Gasgemisch wehte in die eigenen Augen. Erst die berittene Polizei entschied die Schlacht.«[273]

Im Gegensatz zu allen früheren Auseinandersetzungen zwischen Polizei und Demonstranten hatte sich dieses Mal das Verhältnis der jeweils Verletzten umgekehrt: 20 Studenten und 130 Polizisten mußten ärztliche Behandlung in Anspruch nehmen. Der ›Tegeler Weg‹ markierte einen historischen Punkt der Revolte: »Wir standen vor dem politischen Ende der antiautoritären Provokationsstrategie. Das Denken veränderte sich. Nicht mehr der Lernprozeß, sondern die organisatorischen Voraussetzungen für den Machtkampf standen nunmehr im Vordergrund. Wir konnten nicht mehr zurück; um aber weiterzugehen, war die Basis zu schwach. Während sich unsere Köpfe mit Klassenanalyse füllten, legten die Polizisten endgültig den Tschako ab, um ihre Köpfe im Bürgerkriegshelm verschwinden zu lassen.«[274]

›Militanz‹ war das neue Zauberwort der Revolte. Es trat zur ›Organisationsfrage‹, und für nicht wenige ergab sich aus beidem schon die – gewiß vorläufige – Antwort: ›militante Kader‹ bilden. Der Berliner SDS-ler Christian Semler, Teilnehmer der ›Schlacht am Tegeler Weg‹, leitete zu Beginn der wenige Tage später stattfindenden ›außerordentlichen SDS-Delegiertenkonferenz‹ in Hannover seine politischen Konsequenzen ab: »Ich glaube, die eigentliche Militanz ist darin zu sehen, daß die Demonstration in verschiedenen Etappen eine Organisation verriet und eine relative Ordnung, wie sie bisherige Demonstrationen nicht verraten haben. Und was wir daraus lernen ist, daß wir tatsächlich in einem viel stärkeren Maße, als wir jemals angenommen hatten, solche Aktionen und Demonstrationen planen können und daß wir auch den Einsatz der Gewalt planen können. Und deswegen glaube ich, daß gerade die Demonstration am Montag uns lehrt, daß wir jetzt über eine viel größere Kampfvielfalt verfügen.«[275] Hans-Jürgen Krahl hegte dagegen Zweifel, ob in dieser politischen Legitimation die »Zweck-Mittel-Rationalität« ausreichend reflektiert sei, ob man nicht zu sehr »den objektiven Aufrüstungsstand des Gegners« vernachlässigt habe – gleichwohl fand auch Krahl, »daß diese Steinwurf-Demonstration nötig war«.[276] Ihm ging es um die Notwendigkeit, beim Eintreten in eine »neue Phase der Militanz« auch eine »neue Agitationsphase« zu eröffnen: »Wir haben gerade bei den Studenten die Erfahrung gemacht, daß ganz gering nur politisches Bewußtsein ausgebildet ist und wir alle Vermittlungen von vorne nochmal aufrollen müssen, so als ob zum Teil gewissermaßen nichts passiert ist.«[277]

Weil Rocker und Arbeiterjugendliche einen Großteil der ›Militanz‹ am ›Tegeler Weg‹ geprägt hatten und die ersten Basisgruppen des Berliner SDS in Betrieben aufgetaucht waren, um die soziale Grundlage der Revolte ›strategisch‹ zu erweitern, verlagerte sich die Diskussion in Hannover schnell auf die Frage, ob und wie die ›Justizkampagne‹ des SDS mit der politischen Perspektive unter dem Stichwort ›Arbeiterkontrolle‹ zu verknüpfen sei. Die ›Arbeiterklasse‹, das ›Proletariat‹ geriet immer mehr ins Blickfeld, auch wenn einige Redner argwöhnten, man wolle »die Arbeit in den Betrieben nur als Hilfsaktion für die Justizkampagne« in Dienst stellen. Daß eine Kampagne gegen die ›Klassenjustiz‹ ein gesellschaftlich isoliertes Unternehmen bleiben mußte, war offensichtlich, aber der Rückgriff auf die revolutionären Potentiale der Arbeiterklasse in Berliner und westdeutschen Betrieben konnte nach den Erfahrungen mit der »arbeitenden Bevölkerung« und ihrem gesunden Volksempfinden auch keine unproblematische Strategie sein – zumal völlig unklar war, was das heißen sollte: »Kampf gegen die Gewerkschaften? Ignorierung der Gewerkschaften? Arbeit in den Gewerkschaften? Oder: sozialistische Betriebszellen?«[278] Ein »Berliner Genosse« umriß den Fluchtpunkt von

›Justizkampagne‹ und ›Arbeiterkontrolle‹ so: »Wenn es tatsächlich in erster Linie notwendig ist, Arbeiter zu organisieren, indem man ansetzt an ihren täglichen Interessenkonflikten, gibt es dann eine strategische Perspektive, aus der heraus sich bereits die sozialistische Perspektive entwickeln läßt?«[279] Bernd Rabehl warnte vor einer »neuen Verheißungsideologie« und nannte die Gefahren ›sozialistischer Betriebsarbeit‹: einerseits Abgleiten in »Seminarmarxismus«, andererseits »Verdoppelung einer gewerkschaftlichen Arbeit – Realpolitik«. Sein Ausweg: die ›Justizkampagne‹ forcieren, denn sie »löst sich von der Realpolitik, verhindert also den Reformismus und versucht, direkt revolutionäre Aktionen durchzuführen.«[280] Dennoch blieb der Eindruck, daß »es dem Arbeiter kaum klar zu machen ist, daß die Repression, der er im Betrieb ausgesetzt ist, die gleiche ist, wie sie vor Gericht verhandelt wird«.[281]

Nach fünf Stunden Debatte über die ›Justizkampagne‹ – »keiner hört zu, alle reden über was anderes, das ist der kollektive Verdrängungsprozeß«, schimpfte einer – geriet der Zustand des SDS selbst ins Zentrum. »Überall sehen wir Destruktionserscheinungen, Zersetzungserscheinungen, die Gruppen fliegen auseinander und dann brauchen sie irgendwelche ad-hoc-Gruppen oder Aktionen, die sie dann wieder für kurze Zeit zusammenführen«, bilanzierte ein Genosse aus Münster die vorausgegangenen Wochen. Schlimmer: Es gab keine Sprache mehr, in der die verschiedenen Erfahrungen, Bedürfnisse und politischen Vorstellungen auszudrücken waren. Mit dem Heraustreten aus der ›antiautoritären‹, ›provokativen‹ Phase hatte die Revolte auch die Kraft ihrer Sprache verloren, die immer weniger als Kommunikationsmittel taugte und immer mehr zum Propagandainstrument degenerierte, eine »blinde Sprache, 'ne agitatorische Sprache einerseits und 'ne Happening-Sprache andererseits«,[282] wie Frank Wolff, SDS-Bundesvorsitzender, kritisierte.

Als Christian Semler dafür plädierte, »ein System von Kritik und Selbstkritik« nach dem Vorbild Mao Tse-tungs zu entwickeln und die auseinanderfallenden Gruppen in- und außerhalb des SDS durch eine »Zentrale« zu einer »erneuten gesellschaftlichen Offensive im Ganzen« zu führen, worauf ein Genosse aus der »Region Nord« beipflichtete, »daß wir uns alle einig sind, daß eine straffe Organisation notwendig ist«, konnte Joscha Schmierer mit Recht behaupten, »daß diese Delegiertenkonferenz tatsächlich die letzte sein wird im alten Stil«.[283] Er bedauerte, daß die Diskussion über Semlers Vorschlag, eine ›Zentrale‹ einzurichten, verweigert worden sei und schlug nochmals vor, die »objektiven Notwendigkeiten« mit den »partikularen Interessen« zu vermitteln: »Und das müssen wir jetzt genau leisten in der theoretischen Diskussion über die Hochschulpolitik, die die Justizkampagne wieder aufnimmt.«[284] Noch während der Beifall anhielt, breitete sich Unruhe im Saal aus. Stimmen riefen durcheinander, Flugblätter gingen herum. Sie stammten vom Frankfurter ›Weiberrat‹, dem sich die acht anwesenden Frauengruppen des SDS angeschlossen hatten. »Wir wollten mit den Genossen die Vorwürfe diskutieren«, schrieb zwei Jahre später eine der Frauen, »als aber im Verlauf der Delegiertenkonferenz klar wurde, daß man sich von den Frauen eine interessante Einlage versprach, beließen wir es bei einer Extrabegründung, warum wir uns der Diskussion nicht stellen würden.«[285] Die erregten SDS-Männer hielten ein Flugblatt in der Hand, auf dem sechs als »Jagdtrophäen« gezeichnete Penisse über einem Sofa prangten, auf dem sich eine Frau ausstreckte, die Axt lässig in der rechten Hand, samt der Bildunterschrift: »1) Schauer, 2) Gäng, 3) Kunzelmann, 4) Krahl, 5) Rabehl, 6) Reiche, 7)...: Befreit die sozialistischen

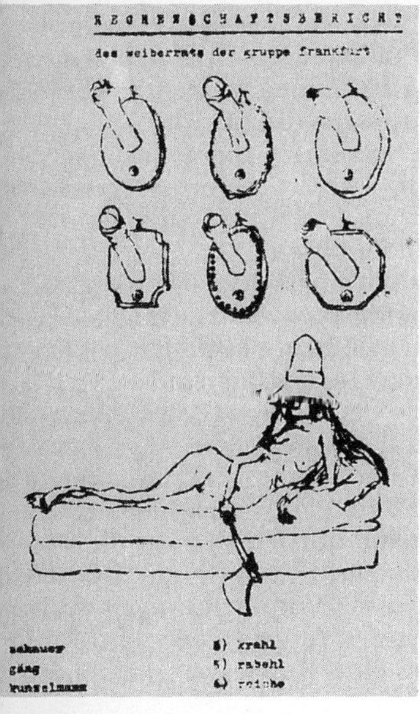

Eminenzen von ihren bürgerlichen Schwänzen!« Protest gegen den autoritären Männer-SDS: »Wir machen das Maul nicht auf! Wenn wir es doch aufmachen, kommt nichts raus! Wenn wir es auflassen, wird es uns gestopft: mit kleinbürgerlichen Schwänzen, sozialistischem Bumszwang, sozialistischen Kindern, Liebe, sozialistischer Geworfenheit, Schwulst, sozialistischer potenter Geilheit, sozialistischem intellektuellem Pathos, revolutionärem Gefummel, gesamtgesellschaftlichem Orgasmus, sozialistischem Emanzipationsgeseich, Gelaber! Wenn's uns mal hochkommt, folgt: sozialistisches Schulterklopfen, väterliche Betulichkeit, dann werden wir ernst genommen, dann dürfen wir an den Stammtisch, dann tippen wir, verteilen Flugblätter, malen Wandzeitungen, lecken Briefmarken. Kotzen wir's aus: Wir sind penisneidisch, frustriert, hysterisch, verklemmt, asexuell, lesbisch, frigid, zukurzgekommen, irrational, zickig, penisneidisch, penisneidisch, penisneidisch, Frauen sind *anders*!«[286]

Die Männer, die sich als ›Genossen‹ betroffen fühlten, schwankten zwischen (klein-)bürgerlicher Ironie und sozialistischem Ernst. Sie versuchten, den geschichtlichen Augenblick, die Perspektive der Revolution, gegen diesen belächelt-gefürchteten Angriff der Frauen zu verteidigen und verpaßten dabei einen historischen Moment. »Ich würde den Genossen, die da namentlich genannt sind, raten, sich 'ne Leibwache zuzulegen. Das wäre sehr gut, denn das scheint ja noch gefährlich zu werden«, unternahm Christian Semler den ersten Abwehrversuch, ohne zu sagen, daß etwa der Genosse Krahl seit einiger Zeit bereits einen Leibwächter hatte – den späteren Guerillero und ›OPEC‹-Attentäter Hans-Joachim Klein. Rainer Geulen, heute ein brillanter Anwalt vor allem auf dem Gebiet des Umweltrechts, setzte hinzu: »Ja, Genossinnen, es sollte doch das eine noch geklärt werden, warum von den Nummern 7–49 die Abbildungen fehlen. Liegt das daran, daß das empirische Material fehlt?«[287] Ins »große Gelächter der Genossen«[288] plazierte Mona Steffen ihre vorbereitete Rede: »Genossen, Ihr habt die Chance verpaßt zu hören, was wir an phänomenologischer Kritik an Eurem Geschlecht und den von Euch produzierten repressiven Kommunikationsstrukturen vorzubringen hatten. Wir waren so naiv anzunehmen, daß die Tomate der letzten Delegiertenkonferenz einen Bewußtseinsprozeß bei Euch in Gang gesetzt hätte, der hier sich in der Möglichkeit politischer Diskussion hätte äußern können. Das Flugblatt, das Ihr hier seht, sollte ursprünglich dazu dienen, mit Ironie eine Diskussion über die wirklichen Unterdrückungserfahrungen der Genossinnen einzuleiten. Aber wir sehen wenig Möglichkeit, daß Ihr das begreift, denn Ihr pflegt uns und unsere Produkte nur zu konsumieren. Die Kampfansage, als die Ihr unseren Zusammenschluß allein empfunden habt, sollte Euch eigentlich motivieren, endlich Vorstellungen zu entwickeln, wie Ihr mit Eurer eigenen Emanzipation unsere mitvorantreiben könnt.«[289] Joscha Schmierer, der eben noch »objektive Notwendigkeit« mit »partikularen Interessen« vermitteln wollte, fand es »einfach schlimm«, daß »die Frauen also zunächst uns zum Objekt machen«: »Sie haben eben keine neuen Aktionsformen gefunden und haben das erreicht, daß jetzt über das, was sie gesagt haben, überhaupt nicht diskutiert werden kann, weil es keinerlei neue Qualität gefunden hat.«

Die hatte es offenbar doch, denn was dann kam, war die authentische Bestätigung dessen, was die SDS-Frauen gerade bekämpften, und darüber hinaus die deutliche Ankündigung des dogmatisch-ideologischen ›Auswegs‹ aus der Sackgasse, in die der SDS inzwischen geraten war. »Also, ich finde den Aufstand der Frauen sehr lustig, mich würde aber mal interessieren, inwieweit die Frauen sich mal darüber informiert haben, wie Arbeiterinnen sich fühlen. Ob sie sich in erster Linie als Frauen fühlen oder als Arbeiter, und da sollen die Frauen hier doch mal konkret was zu sagen, und nicht hier diese antiautoritäre Geste, die im Grunde genommen kleinbürgerlich ist«: Die von den Frauen geforderte »eigene Emanzipation der Männer« wurde bruchlos in die »Emanzipation des Proletariats« überführt, worin die durchaus ›kleinbürgerlichen‹ Irritationen und Ängste der Genossen ihre ›revolutionäre‹ Aufhebung zu finden trachteten.

»Also, Genossen, mein Schwanz soll auch abgehackt werden. Und ich finde das also 'ne ziemliche Schweinerei von den Frauen« – Gelächter – »Augenblick! Statt meinen Schwanz abhacken zu lassen, möchte ich ihn natürlich lieber in die Scheiden der Genossinnen stecken, das ist 'n ganz natürliches Bedürfnis. Aber das selbst ist eine Frage der Produktion, und wir haben das materialistisch zu analysieren« – schallendes Gelächter – »Ich finde das nicht zum Lachen. Die sexuelle Reproduktion der Genossen ist ein ganz fundamentales Problem. Und daß diese ganze Sache hier aus der bürgerlichen Kastrationsdrohung und der Penissymbolik herauskommt. Denn mit der Kastrationsdrohung sind wir erzogen worden. Und das finde ich Scheiße.«

So sprach der Genosse Oberlercher, der – auf theoretisch höherem Niveau – sogleich Unterstützung erhielt beim Versuch, den Konflikt historisch-materialistisch zu analysieren. Für den Genossen Semler, der Clara Zetkin zitierte, stellte sich vor allem ein Problem: »Daß die notwendige vorübergehende Trennung von Frauen zur Artikulation ihrer eigenen Bedürfnisse und zur Herausarbeitung eigener klassenkämpferischer Strukturen überlappt wird von einem kleinbürgerlichen feministischen Aktionswahn.« Es sei bei den Emanzipationsbestrebungen der Frauen »von vorneherein ein Fehlschlag zu erwarten, wenn nicht gesehen wird, daß die eigentliche Wurzel für die gegenwärtige Formation der Frauen in der kapitalistischen Gesellschaft in ihrer Einbeziehung in den Produktionsprozeß während des Ersten Weltkriegs zu sehen ist. Das aber, Genossinnen und Genossen, ist eine Frage der materialistischen Analyse, die einsetzt bei der Stellung der Frau im Produktionsprozeß.« Auch als mehrere Genossinnen »ach, lächerlich – blöd!«, »Scheiße!« und schließlich nur noch »ba-ba-ba-ba-ba-ba!« riefen, blieb Semler dabei: »An dieser Front müssen wir den Kampf aufnehmen und dürfen nicht dazu übergehen, achselzuckend das Feld den Revisionisten und linksbürgerlichen Frauen zu überlassen.« Der Genosse Hövels, der das Ganze als »Problem des gesellschaftlichen sexuellen Repressionszusammenhangs« begriffen wissen wollte, zitierte den revolutionä-

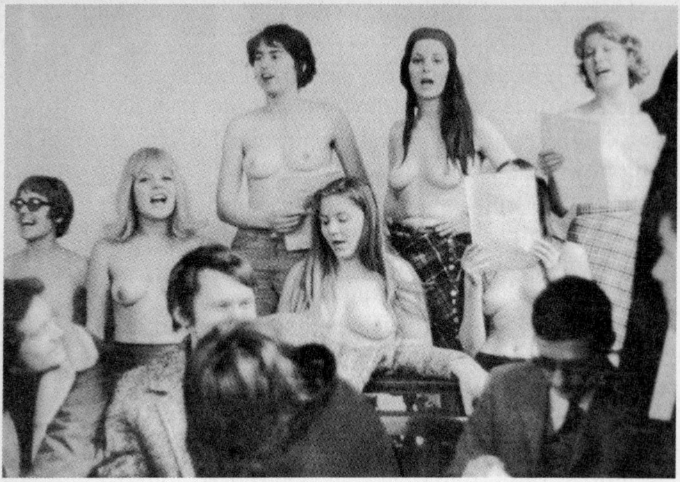

Studentinnen vor dem Hamburger Landgericht,
Dezember 1968

ren Sexualtheoretiker der zwanziger und dreißiger Jahre, Wilhelm Reich, und schlug vor, nach ihm zu handeln: »Wir müssen für die Abschaffung der Ehe-Institutionen plädieren.« Das hielt er »entschieden für sinnvoller«, als die diesbezüglichen Probleme der Frauen und der Männer getrennt zu behandeln. Rainer Geulen befand – noch radikaler: »Über die Emanzipation der Frau zu reden, das können wir bürgerlichen Soziologen überlassen«, und votierte für die Fortsetzung der ›Hochschuldebatte‹. Nach einigem Hin und Her stimmte die Mehrheit für Abbruch der Diskussion und Wiederaufnahme der ›Hochschuldebatte‹, an der sich die rebellierenden Frauen ›inhaltlich‹ beteiligen sollten. Sie taten es nicht. Es war die letzte Hochschuldebatte auf einer SDS-Delegiertenkonferenz, es war die letzte SDS-Delegiertenkonferenz überhaupt.

Doch die Hochschulrevolte war noch nicht am Ende, auch wenn sie sich schon längst in die Gesellschaft zerstreut hatte. Denn immer noch bildeten Studenten den Kern der allgemeinen Rebellion, war die Vorstellung einer Synthese von kritischer Wissenschaft und revolutionärer Bewegung stark an den traditionellen Ort von Theorieproduktion gebunden: die Hochschule. Dort verlief die ›Front‹ des Kampfes um die zukünftige Rolle des Akademikers, des Intellektuellen – würde er weiter ein ›angepaßter‹ Fachidiot bleiben oder könnte er als Teil der »Bewegung wissenschaftlicher Intelligenz« zum »kollektiven Theoretiker des Proletariats werden«,[290] wie Hans-Jürgen Krahl hoffte? Zu Beginn des Wintersemesters 1968/69 beschlossen 1200 Studentinnen und Studenten der ›Abteilung für Erziehungswissenschaften‹ an der Johann-Wolfgang-Goethe-Universität einen unbefristeten Boykott sämtlicher Lehrveranstaltungen, um gegen die Verkürzung des Lehrerstudiums auf eine »Fachidiotenausbildung« von sechs Semestern zu protestieren. Darüber hinaus richtete sich der Streik gegen die gerade eingeleitete ›technokratische Hochschulreform‹ insgesamt. Am 6. Dezember 1968 solidarisierten sich die Soziologen und riefen auf einer Vollversammlung einen »aktiven Streik zur Neuorganisierung des Studiums« aus. Drei Tage später besetzten sie das Soziologische Seminar, tauften es ›Spartakus-Seminar‹ und organisierten autonome Arbeitskreise, ›Gegen-Seminare‹, mit denen eine emanzipative, politisch motivierte, antiautoritäre Wissenschafts- und Forschungspraxis angestrebt werden sollte.

Der Konflikt mit der Universitätsbürokratie, aber auch mit den Ordinarien der Fakultät und des Seminars war programmiert. Doch nicht reaktionäre Talarträger waren die unmittelbaren Gegner, sondern die Väter und Söhne der ›Kritischen Theorie‹: Theodor W. Adorno, Jürgen Habermas, Alexander Mitscherlich, Ludwig von Friedeburg. Mit ihnen stritt man über den »aktiven Streik« als Versuch, »Wissenschaft zu verbinden mit einer Strategie der Emanzipation«.[291] Die Professoren der ›Frankfurter Schule‹ unterstützten »diese Initiative« der Studenten und wollten, wie Jürgen Habermas sich ausdrückte, den »offiziellen Lehrbetrieb so elastisch handhaben, daß auf jeden Fall diese Arbeit zum Zuge kommt und wir eben gemeinsam zu einer Reorganisation des Studiums und einer Seminarordnung kommen«, für die er gar das Prinzip der »Drittelparität« anbot.

Die schon vorhandene Unruhe im Tagungsraum des studentischen ›Kolbheims‹ am Beethovenplatz im Frankfurter Universitätsviertel wuchs jedoch, als Habermas zu Punkt 3 überging: Die Eigentümerin des besetzten ›Spartakus-Seminars‹ in der Myliusstraße, die Ärztekammer, hatte eine »bedingte Kündigung« des Mietvertrages wegen »zweckentfremdeter Benutzung« ausgesprochen. Nun war durch den Streik auf einmal die Existenz der ›Frankfurter Schule‹ in Gefahr geraten, stieß man »auf den Realitätswiderstand der bürgerlichen Privatrechtsordnung«, wie Habermas bemerkte, der dann hinzufügte, nach glaubhafter Auskunft der Universitätsverwaltung werde es kaum möglich sein, »innerhalb der nächsten fünf Jahre« ein Ausweichquartier zu finden. Der Höhepunkt der Unruhe und des Mißfallens war erreicht, als Habermas die Notwendigkeit, den offiziellen Lehrbetrieb aufrechtzuerhalten, nicht nur mit dem Beamtenrecht, sondern auch mit der »Basis der Aufklärung« begründete, die mit der politischen »Instrumentalisierung des Denkens« durch einen Streik verletzt werde: Wer die »Bedingungen vernünftiger Rede und damit die Grundlage von Humanität abschaffen« wolle, indem er für die »ad-hoc-Bedürfnisse sogenannter Praxis einzelne theoretische Ansätze dogmatisieren will, dessen moralische, geistige und politische Verfassung unterscheidet sich prinzipiell nicht mehr vom intellektuellen Prototypus sei es der Faschisten oder der Stalinisten«. Da war sie wieder, die These vom »Linksfaschismus«, die Habermas schon einmal, nach dem Mord an Benno Ohnesorg, artikuliert, später dann relativiert hatte. Die streikenden Studenten lachten und riefen durcheinander. Habermas beharrte: »Wenn ich recht

Theodor W. Adorno, Jürgen Habermas (Aus einem Fernsehfilm)

verstehe, bedienen sie sich – diese Gruppe – der begrüßenswerten Impulse einer systematischen Überdenkung und Neuordnung des Studiums nur als eines Vehikels, um den Wissenschaftsbetrieb als solchen zu destruieren. Die Argumente von [Reimut] Reiche liefen darauf hinaus, daß schon Wissenschaft selber Repression sei und darum als solche beseitigt werden müßte.« Die Solidarisierung von Habermas und Adorno mit den essentiellen Forderungen der Studenten geriet in Konflikt mit dem philosophisch und ethisch unterfütterten Imperativ, den »offiziellen Lehrbetrieb« aufrechtzuerhalten.

Die Streikenden nannten es »Schizophrenie«: »Man kann nicht immer auf die kritische Funktion der ›Frankfurter Soziologie‹ hinweisen, wenn dieses Argument allmählich eine Funktion erhält, die reale und institutionell abgesicherte Demokratisierung und Sozialisierung dieser Institute zu boykottieren.« Die Professoren der ›Kritischen Theorie‹ aber waren nicht bereit, die »Organisierung des Wissenschaftsprozesses aus der politischen Kampfsituation abzuleiten«, den »Machtkonflikt« auf seiten der Studenten gegen die herrschende Institution auszufechten – ihren sozialen und wissenschaftlichen Status aufzugeben. In einer »letzten Aufforderung« riefen sie die streikenden Studenten auf, das besetzte Soziologische Seminar zu räumen. Ein paar Stunden später rief Theodor W. Adorno die Polizei.

Im Morgengrauen des 18. Dezember 1968 räumte sie das besetzte ›Spartakus-Seminar‹. Daraufhin weitete sich der Streik – im neuen Jahr – zunächst auf andere Fachbereiche aus. Am 31. Januar 1969 wurden 76 streikende Studenten – abermals auf Veranlassung von Adorno, Habermas und von Friedeburg – im ›Institut für Sozialforschung‹ von der Polizei festgenommen. Doch nur Hans-Jürgen Krahl blieb – als ›Rädelsführer‹ – in Haft. ›Aktionstage‹ der Studenten trugen dazu bei, daß Krahl eine Woche später freigelassen wurde. Als Mitte Februar 1969 die Semesterferien begannen, arbeiteten zwar noch einige der ›Streikgruppen‹, doch der Verlauf des Kampfes für ein anderes Studium, eine andere Wissenschaft, letztlich für eine andere Gesellschaft, hatte den Aufbau außeruniversitärer Basisgruppen in Stadtteilen und Betrieben beschleunigt. Viele SDS-Aktivisten konzentrierten sich nun auf das vermeintliche Zentrum der geschichtlichen Bewegung: das Proletariat, ausländische Arbeiter, proletarische Jugendliche. Die alte ›Randgruppentheorie‹ schien mit der neuen Erkenntnis vom ›ideellen Gesamtarbeiter‹ zu verschmelzen. Und mittendrin die intellektuellen Revolutionäre.

Schon am Silvestertag des gerade vergangenen Jahres, am 31.12. 1968, genau fünfzig Jahre nach dem Gründungsparteitag der alten KPD, hatte Ernst Aust, ein dissidenter ›Altkommunist‹, die KPD/ML-›Marxisten-Leninisten‹ gegründet – gegen die »moskauabhängige, revisionistische DKP«. Am 12. Januar 1969 hoben die auf der 23. Delegiertenkonferenz ausgeschlossenen fünf SDS-Mitglieder in Westhofen an der Ruhr den ›Marxistischen Studentenbund Spartakus‹ (MSB) aus der Taufe. Der erklärte sich sogleich zum ›Bündnispartner‹ jener DKP, die den Einmarsch der Truppen des Warschauer Pakts in die Tschechoslowakei im August 1968 als heroische Rettungstat des Sozialismus begrüßt hatte. Auch die Selbstverbrennung des Prager Studenten Jan Palach aus Protest gegen die sowjetische Okkupation der CSSR – vier Tage nach der Gründung des ›MSB Spartakus‹ – änderte nichts daran, daß der ›MSB‹ zur mitgliederstärksten Hochschulorganisation der Bundesrepublik wurde. Am 1. April 1969 schließlich erschien die Gründungserklärung des ›Sozialistischen Büro‹ in Offenbach. Es versprach eine »bessere Kommunikation und Kooperation unter der sozialistischen Linken«: Noch bevor die antiautoritäre Bewegung gänzlich zerfallen war, meldeten sich die ersten Retter und Konkursverwalter. Es sollten nicht die letzten sein.

Das Jahr 1968 war recht undramatisch zu Ende gegangen. Erst im Rückblick erschien es als ein ›historisches Jahr‹. Die Akteure im Frühling 1969 selbst wollten erst noch Geschichte machen. Im Sommersemester 1969 ging eine Welle von Vorlesungssprengungen, Rektorats- und Institutsbesetzungen an den Hochschulen durch die Bundes-

Abendmahl des SDS mit Gästen
von links: Wolfgang Lefèvre, Rudi Dutschke, Gaston Salvatore, Fritz Teufel, Hans Mahler, Rainer Langhans, Che, Karl-Heinz Roth, Bernd Rabehl, Dany Cohn-Bendit, Christian Semler, Hans-Jürgen Krahl, Genosse Mao

republik und West-Berlin – gegen reaktionäre Hausordnungen, repressives Ordnungsrecht, technokratische Studienreformen und die Relegation von ›aufrührerischen‹ Studenten. Als der iranische Student Ahmad Taheri nach Persien abgeschoben werden sollte, wo er von den Schergen des Schah gesucht wurde, kam es auf dem Campus der Frankfurter Universität zu tagelangen Schlachten mit der Polizei. Auch an den anderen Hochschulen wurde die Polizei zum Dauergast. In Heidelberg wurden gar Haftbefehle gegen studentische ›Rädelsführer‹ wegen ›Fluchtgefahr‹ vollstreckt.

Bundeskanzler Kiesinger sah in der – internationalen – Studentenbewegung »eine Seuche: Wie die asiatische Grippe geht sie um die Welt.« Die studentischen Revolutionäre dagegen erblickten überall die Krankheit der herrschenden Gesellschaft, die solange »chronisch« bleiben würde, solange sie nicht »einer Radikalkur unterzogen wird«.[292] Revolte und Gesellschaft durchdrangen und verwickelten sich immer mehr, die Konflikte vervielfachten und »verallgemeinerten« sich durch ihre Ausbreitung, ihre »Streuwirkung«. Zugleich wurden sie »abstrakt«; Wahrnehmung und Interpretation realer gesellschaftlicher Widersprüche brachten häufig schematische Vorstellungen hervor, absurde Verzerrungen der Wirklichkeit. Dabei wirkten die herrschende Gesellschaft und eine Revolte, die zur Revolution werden sollte, in wahrhaft dialektischer Weise zusammen. Während im ›Info 10/1969‹ des Kieler SDS die eigene Gruppe als »kollektives Über-Ich« definiert

wurde, das bei der »gründlichen Sozialisierung der psychischen Struktur, bei der Lösung vom Bürgertum und beim Übertritt zum Proletariat helfen« mußte, so bezeichnete der spätere SPD-Bundeskanzler Helmut Schmidt diese norddeutschen Küstenrevolutionäre und ihre südlicher kämpfenden Genossinnen und Genossen als »Anarchisten, die alles zerstören wollen, was das ganze Volk nach 1945 errichtet hat«. Imagination und Wirklichkeit vermengten sich weiterhin, aber anders als 1967/1968. Die Phantasie wollte immer noch – und jetzt gerade – an die Macht, aber nicht mehr mit fliegenden Gedanken und Gefühlen, sondern mit festem Schritt und Tritt. »Der Dogmatismus räumte die Realität beiseite und baute die Bühne der Klassengesellschaft auf. Nicht nur die marxistisch-leninistischen Gruppen, sondern praktisch alle relevanten politischen Haltungen beteiligten sich an diesem Unternehmen. Die soziale Realität wurde aufgelöst in ein Feld von Haupt- und Nebenwidersprüchen. Die politische Realität erstarrte zunächst in unserem Kopf und dann erstarrten wir.«[293]

Anfang Dezember 1969 – in Bonn regierte schon Willy Brandt als erster sozialdemokratischer Bundeskanzler der Bundesrepublik Deutschland – fand in Berlin eine Arbeitskonferenz der ›Roten Pressekorrespondenz‹ statt, auf der sich alle Betriebs- und Basisgruppen, alle Fraktionen und Strömungen der Revolte noch einmal versammelten, ein letzter Versuch, eine gemeinsame Orientierung zwischen zentralistischen Kaderrevolutionären und ihren antiautoritär gesonnenen Mitkämpfern im SDS herzustellen. Der redaktionelle Beirat der ›Roten Pressekorrespondenz‹ hatte den Abdruck eines Artikels ›Die marxistisch-leninistische Organisation in Angriff nehmen!‹ abgelehnt, und weil dieser Konflikt repräsentativ für den allgemeinen Zustand der ›außerparlamentarischen Opposition‹ war, rief man noch einmal alle zusammen. Die Teilnehmer ertranken in zahllosen Arbeitspapieren. Sie dokumentierten das, was nicht mehr aufzuhalten war: den Zerfall der antiautoritären Revolte. Auch die turbulente, offene Auseinandersetzung konnte nichts mehr an dem Entschluß einer großen Fraktion der Bewegung ändern, die im Laufe des Jahres 1969 zu der Überzeugung gekommen war, »daß der Aufbau einer marxistisch-leninistischen Kaderorganisation notwendig ist«,[294] wie der Genosse Semler bekannt gab. Monate später gab es eine ›vorläufige Plattform der Aufbauorganisation für die Kommunistische Partei Deutschlands‹ (KPD/AO), deren »höchstes Ziel die Umwandlung der von Studenten und Intellektuellen geführten Organisation in eine proletarische Organisation sein muß«.[295] Am 1. Mai 1971 war es dann soweit: Unter den Parolen »500 Mark Lehrlingslohn«, »1200 Mark Mindestlohn« und »Amis raus aus Vietnam« fand die erste große, von der ›KPD‹ geführte Demonstration statt, an der sich große Teile der übrigen Linken Berlins beteiligten. Die KPD, ›Partei der Arbeiterklasse‹, hatte zu Beginn etwa siebzig Mitglieder. Vom Bundesgerichtshof wurde sie einige Zeit später offiziell als Partei anerkannt. Der Wettlauf innerhalb der Linken, »wer am schnellsten eine möglichst umfassende, mit zureichender Propagandatechnik ausgestattete Organisation den Arbeitern vor die Augen stellt«, war eingeläutet: »Insbesondere die KPD/AO (später KPD) verschärfte die liquidatorische Tendenz. Sie denunzierte alles Antiautoritäre summarisch als ›kleinbürgerlich‹ und alle antiautoritäre Praxis als ›Handwerkelei‹. Der rüden Denunziation von Genossen entsprach die Schamlosigkeit der Anpassung ans Proletariat. ›Feste Verhältnisse‹ wurden legalisiert (›Heiratsbefehl‹), lange Haare wurden kurz, die politische Sprache wurde ›einfach‹, das heißt zum marxistischen Comic-Strip. Die Rigidität der Betriebsdisziplin wurde unvermittelt zur Grundlage der Kritik am anitiautoritären Arbeitsstil, der Proletarier zum Argument, mit dem man Genossen mundtot machen konnte.«[296]

Zur gleichen Zeit, als die ›Marxisten-Leninisten‹ ihre Haare, vordem ein Symbol des Protests, wieder auf Streichholzlänge zurückschnitten, ließen andere sie sich weiter wachsen. Sie waren im ›Zentralrat der umherschweifenden Haschrebellen‹ ›organisiert‹, nahmen an ›smoke-ins‹ teil,

Haschrebellen bei einer Demonstration auf dem Kurfürstendamm

hingen im ›Zodiac‹ herum, wo es alle Sorten Individualisten und ›roten Libanesen‹ gab, hörten ›Canned Heat‹ und ›Doors‹ und klebten Poster von Bakunin und Stalin nebeneinander übers Bett. Wie die Kommunarden in der ›Wielandkommune‹, wo jetzt Bommi Baumann wohnte. Neben Marx und Lenin, Stalin und Mao lebte auch der ›Blues‹ in Berlin – und nicht nur dort –, eine Art militante Fortsetzung der antiautoritären Revolte mit anderen Mitteln – Shit, LSD, Rockmusik und: Terror. Zur Vietnam-Demonstration am 15. November 1969 schrieb die ›Schwarze Front‹ mit »anarchistischen Grüßen«: »Kämpft am Sonnabend auf der Straße, macht in den Nächten davor an allen Ecken der Stadt massenhaft Terror! Gute Ziele sind: Amerikanische Industrieniederlassungen, Banken, Bullenreviere und alles, was den Menschen zum Sklaven macht.«[297] »War ja 'ne gute Zeit, der ganze Sommer 69 bis Anfang 70, fast ein Jahr sind wir denn durch Berlin gezogen. Natürlich sind denn wieder Aktionen gelaufen, da hat sich dann die ›883‹, diese Undergroundzeitung gebildet und wir sind denn sofort mit eingestiegen. Die theoretische Grundlage war Mao ›Über die Mentalität umherschweifender Rebellenhaufen‹, aus den sogenannten Räuberbanden hatte er zusammen mit Tschu-Te die ersten Kader der Roten Armee gebaut, und wir haben die Tendenz davon aufgegriffen.«[298] Das Lay-Out der ›883‹ war seit Juni 1970 voller Kalaschnikows, Bomben, Revolvermänner und Handgranaten. Die Redaktion wollte »in der revolutionären Basis verankert« sein: »Die Mitglieder des Redaktionskollektivs sind verpflichtet, sowohl die Arbeit in Betriebs- oder Stadtteilgruppen als auch in der Stadtguerilla zu beginnen.«[299] Halb Subkultur, halb politischer Untergrund – so gedieh die ›Blues-Szene‹ von Anschlag zu Anschlag, von smoke-in zu smoke-in: »Wir haben denn auch Charming-Aktionen für die Bevölkerung gemacht, also sind rausgegangen und haben immer die Radarwagen umgekippt, die die Autos geblitzt haben. Da sind sie uns mit der Knarre hinterhergerannt, die Bullen.«[300] Nachdem ein Teil von Bommi Baumanns ›Truppe‹ eine Reise zu palästinensischen Guerillas nach Jordanien unternommen hatte, dauerte es nicht mehr lange, bis aus dem umherschweifenden Rebellenhaufen die ›Tupamaros Westberlin‹ wurden: »Die Bomben waren jetzt schon besser, aber trotzdem sind uns natürlich Flips passiert.«[301] Einer davon – sie rückten einem Quick-Reporter, der »bösartige« Bombengeschichten über sie verbreitet hatte, »die Möbel gerade« und hauten ihm »ein paar vor den Kopf«[302] – führte zum ersten Knastaufenthalt. Ein Jahr später, Ende 1971, gab es die ›Bewegung 2. Juni‹, und Bommi Baumann war im Besitz einer ›Knarre‹, die aber nicht verhindern konnte, daß sein Freund und Mitguerillero Georg von Rauch am 4. Dezember 1971 von einer Polizeikugel tödlich getroffen wurde. Der ›Blues‹ war inzwischen ausgetrocknet. Die RAF hatte nach der Befreiung Andreas Baaders am 15. April 1970 im Juni 1971 ihre ersten Bomben gegen die US-Army und Springer geworfen. Die ML-Parteien blühten. Vom SDS sprach niemand mehr. Er hatte am 21. März 1970, sechs Wochen vor der Ankündigung der sozialliberalen Bundesregierung, eine »begrenzte Amnestie für Demonstrationsstraftäter« zu erlassen, formell seine Auflösung bekanntgegeben.

ANMERKUNGEN

1 Carlo Schmid, *Erinnerungen*, München 1979, S. 675
2 ebd., S. 806
3 ebd., S. 730 ff.
4 ebd.
5 Klaus Hartung, in: *Kursbuch* 48, Berlin 1977, S. 23
6 ebd.
7 Udo Lindenberg, in: *CheSchahShit*, Berlin 1984, S. 77
8 ebd., S. 76
9 Bommi Baumann, *Wie alles anfing*, Frankfurt 1977, S. 8 ff.
10 ebd.
11 ebd., S. 10
12 ebd.
13 ebd., S. 8
14 *CheSchahShit, S. 77*
15 Theodor W. Adorno, zit. n. Jürgen Habermas, Strukturwandel der Öffentlichkeit, Neuwied und Berlin 1975, S. 256
16 Jürgen Habermas, *Strukturwandel der Öffentlichkeit*, S. 257
17 ebd., S. 256
18 ebd., S. 258
19 ebd., S. 262
20 *Hochschuldenkschrift des SDS*, Frankfurt 1972, S. 92
21 ebd., S. 94
22 Wolfgang Kraushaar, ›Notizen zu einer Chronologie der Studentenbewegung‹, in: Peter Mosler, *Was wir wollten, was wir wurden*, Reinbek bei Hamburg, 1977, S. 253 ff.
23 ebd., S. 252
24 ebd., S. 258
25 *CheSchahShit, S. 78*
26 Uta Stolle, ›Die Ursachen der Studentenbewegung im Urteil bügerlicher Öffentlichkeit‹, in: Das Argument 58, Berlin 1970, S. 375
27 Noelle-Neumann, *Die verletzte Nation*, Stuttgart 1987, S. 290
28 Thomas Mündemann, *Die 68er und was aus ihnen wurde*, München 1988, S. 74
29 Jürgen Miermeister, *Rudi Dutschke*, (Monographie), Reinbek bei Hamburg 1986, S. 60
30 Rudi Dutschke, *Geschichte ist machbar*, Berlin 1980, S. 35
31 Miermeister a. a. O., S. 40
32 Dutschke, zit. n. Miermeister a. a. O., S. 38
32 Dutschke, ebd., S. 31
33 Duschke, ebd., S. 41 ff.
35 Theodor W. Adorno/Max Horkheimer, *Dialektik der Aufklärung*, Frankfurt 1971, S. 5
36 ebd.
37 Miermeister a. a. O., S. 42
38 Ernst Bloch, zit. n. Miermeister a. a. O., S. 42
39 Miermeister, a. a. O., S. 50
40 ebd.
41 Wolfgang Kraushaar, in: Peter Mosler a. a. O., S. 257/258
42 *KONKRET 30 Jahre Magazin für Politik und Kultur*, Hamburg 1987, S. 78
43 ebd.
44 ebd.
45 ebd.
46 Miermeister a. a. O., S. 66
47 ebd.
48 ebd., S. 44
49 ebd.
50 Bommi Baumann, a. a. O., S. 34/35
51 ebd., S. 44
52 ebd., S. 35
53 Rudi Dutschke, *Aufrecht gehen, Eine fragmentarische Autobiographie*, Berlin 1981, S. 7
54 ebd., S. 11/12
55 ebd., S. 13
56 Jens Hager, *Die Rebellen von Berlin*, Köln und Berlin 1967, S. 65
57 zit. n. ebd., S. 66
58 Bergmann, Dutschke, Lefèvre, Rabehl, *Rebellion der Studenten oder Die neue Opposition*, Reinbek bei Hamburg 1968, S. 16
59 zit. n. *Die Rebellen von Berlin*, S. 66/67
60 ebd.

61 Bergmann, Dutschke et al., a.a.O., S.17
62 ebd., S.18
63 *Die Rebellen von Berlin*, a.a.O., S.68/69
64 ebd., S.69
65 ebd.
66 ebd., S.71
67 ebd.
68 Miermeister a.a.O., S.57
69 ebd.
70 ebd.
71 ebd.
72 ebd.
73 Bergmann, Dutschke, et al., a.a.O., S.19
74 *Die Rebellen von Berlin*, a.a.O., S.73
75 ebd., S.74
76 ebd., S.80
77 Mosler, a.a.O., S.10/11
78 Mündemann, a.a.O., S.73/74
79 *Die Rebellen von Berlin*, S.93/94
80 ebd., S.95
81 Bergmann, Dutschke et al., a.a.O., S.23
82 ebd., S.24
83 Mündemann, a.a.O., S.84
84 *Die Rebellen von Berlin*, a.a.O., S.98
85 ebd., S.99
86 ebd.
87 ebd., S.100
88 ebd., S.98
89 Miermeister, a.a.O., S.69/70
90 *Die Rebellen...*, a.a.O., S.96
91 Mündemann, a.a.O., S.70
92 Miermeister, a.a.O., S.70
93 *Der Tagesspiegel*, zit.n. Bermann, Dutschke et al., a.a.O., S.25
94 Miermeister, a.a.O., S.70
95 *Die Rebellen...*, a.a.O., S.97
96 Tagebuchnotiz von Rudi Dutschke, zit.n. Miermeister, a.a.O., S.71
97 ebd.
98 Miermeister, a.a.O., S.72
99 Bergmann, Dutschke et al., a.a.O., S.26
100 Miermeister, a.a.O., S.48
101 Siegward Lönnendonker, zit.n. Mündemann, a.a.O., S.63
102 ebd., S.68/69
103 Kommune 2, *Versuch der Revolutionierung des bürgerlichen Individuums*, Reprint Luxembourg 1975, S.19
104 ebd., S.15
105 Anarchistischer Theoretiker des 19. Jahrhunderts
106 Bergmann, Dutschke et al., a.a.O., S.164
107 Kommune 2, S.20
108 ebd., S.21
109 ebd.
110 ebd., S.22
111 ebd., S.28
112 ebd., S.23
113 ebd., S.30
114 ebd., S.32
115 ebd., S.34
116 ebd., S.30
117 ebd., S.35
118 ebd., S.36
119 ebd., S.35
120 ebd., S.37
121 ebd., S.38
122 ebd., S.45
123 ebd., S.42
124 ebd., S.43
125 ebd., S.43
126 ebd., S.44
127 *Neue Kritik, Zeitschrift des SDS*, Frankfurt 1968, Nr. 50, S.6
128 Mosler, a.a.O., S.111
129 ebd., S.112
130 Eberhard Windaus, Frank Wolff, *Studentenbewegung 67–69*, Frankfurt 1977, S.107
131 Bommi Baumann, a.a.O., S.20
132 ebd., S.23
133 ebd.
134 ebd.
135 Mosler, a.a.O., S.115
136 Wolff/Windaus, a.a.O., S.107
137 *Die Rebellen...*, a.a.O., S.102
138 Miermeister, a.a.O., S.74
139 *Die Rebellen...*, a.a.O., S.103
140 ebd., S.104
141 Dutschke, *Geschichte ist machbar*, a.a.O., S.74
142 Mosler, a.a.O., S.25ff.
143 ebd., S.25/26
144 *Kursbuch 12*, in: 2 Bände Reprint, Frankfurt 1976, S.50
145 ebd., S.60/61

146 ebd., S. 79/80
147 ebd., S. 80
148 ebd., S. 81
149 ebd., S. 82
150 ebd.
151 ebd., S. 86/87
152 Mosler, a. a. O., S. 27
153 Kursbuch 12, S. 87
154 ebd.
155 Klaus Hartung, in: *Kursbuch 48*, Berlin 1977, S. 20/21
156 *Kursbuch 12*, a. a. O., S. 100
157 *Die Rebellen...*, a. a. O., S. 154
158 *Kursbuch 12*, a. a. O., S. 138
159 ebd., S. 136
160 ebd.
161 ebd.
162 ebd., S. 151
163 *Die Rebellen...*, a. a. O., S. 174
164 ebd.
165 Wolff/Windaus, a. a. O., S. 69
166 ebd., S. 71
167 ebd., S. 74
168 ebd., S. 74/75
169 ebd., S. 76/77
170 Mosler, a. a. O., S. 30
171 Bommi Baumann, a. a. O., S. 25
172 Mosler, S. 29
173 *Kursbuch* 12, a. a. O., S. 177
174 ebd., S. 83
175 ebd., S. 169
176 *Die Rebellen...*, a. a. O., S. 193
177 *Kursbuch* 12, S. 178
178 Herbert Marcuse, *Das Ende der Utopie*, Frankfurt 1980, S. 44
179 ebd., S. 78
180 ebd., S. 81
181 Rudi Dutschke, *Die Revolte*, Reinbek bei Hamburg, S. 53
182 Miermeister, a. a. O., S. 88
183 Dutschke, Bergmann et al., S. 76
184 ebd.
185 Rudi Dutschke, *Mein langer Marsch*, Reinbek bei Hamburg 1980
186 Rudi Dutschke, *Geschichte ist machbar*, a. a. O., S. 94/95
187 Rudi Dutschke, *Mein langer Marsch*, S. 65
188 *Geschichte ist machbar*, S. 95
189 Miermeister, a. a. O., S. 89/90
190 Mosler, a. a. O., S. 34/35
191 Miermeister, a. a. O., S. 84
192 *Geschichte ist machbar*, a. a. O., S. 120/121
193 ebd., S. 121
194 Miermeister, a. a. O., S. 85
195 Klaus Hartung, in: *Kursbuch* 48, S. 27
196 *CheSchahShit*, a. a. O., S. 107
197 Mosler, a. a. O., S. 47
198 *CheSchahShit*, S. 108
199 Miermeister, a. a. O., S. 90
200 ebd., S. 91
201 ebd., S. 133
202 Dutschke, *Mein langer Marsch*, S. 93
203 ebd., S. 94 (Zitat aus *Die Welt* vom 22. 2. 1968)
204 Miermeister, a. a. O., S. 92
205 ebd.
206 Rudi Dutschke, *Mein langer Marsch*, S. 122
207 Miermeister, a. a. O., S. 93
208 *Mein langer Marsch*, a. a. O., S. 128
209 ebd.
210 Mosler, S. 43/44
211 *Neue Kritik*, a. a. O., Nr. 50, S. 97/98
212 Mosler, S. 62
213 ebd.
214 Stefan Aust, in: *Konkret* a. a. O., S. 111
215 Rudi Dutschke, zit. n. Miermeister, a. a. O., S. 95
216 ebd., S. 96
217 ebd.
218 *die tageszeitung*, (taz), 11. 4. 1986, S. 17
219 Bommi Baumann, a. a. O., S. 38
220 Stefan Aust, in: *Konkret* a. a. O., S. 114
221 Bommi Baumann, a. a. O., S. 40
222 Ulrike Meinhof, in: *Die Würde des Menschen ist antastbar*, Berlin 1980, S. 139
223 Mosler, a. a. O., S. 75
224 *Neue Kritik*, a. a. O., Nr. 50, S. 103
225 ebd., S. 103/104
226 Mosler, S. 75
227 *Der Spiegel*, Hamburg 1988, Nr. 15/88, S. 95
228 *die tageszeitung* (taz), 11. 4. 1988
229 Mosler, S. 76
230 Bommi Baumann, a. a. O., S. 41

231 ebd., S. 42
232 ebd.
233 Ulrike Meinhof, in: *Die Würde des Menschen ist antastbar*, a. a. O., S. 140
234 ebd.
235 Miermeister, a. a. O., S. 102
236 *Geschichte ist machbar*, a. a. O., S. 122/123
237 ebd., S. 124
238 Carlo Schmid, *Erinnerungen*, a.a.O., S. 810/811
239 ebd.
240 Michael Schneider, *Demokratie in Gefahr*, Bonn 1988, S. 242
241 ebd., S. 245
242 zit. n. Michael Schneider, S. 240
243 ebd.
244 H. J. Giessler, *APO-Rebellion Mai 68*, München 1968, S. 173
245 Mosler, S. 13
246 ebd., S. 14
247 ebd., S. 15
248 ebd., S. 16
249 Detlev Claussen, Regine Dermitzel, *Universität und Widerstand*, Frankfurt 1968, S. 41
250 ebd., S. 61
251 Ulrike Meinhof, a. a. O., S. 143
252 *Neue Kritik*, a. a. O., S. 114
253 ebd., S. 94
254 *Kursbuch* 14, in: 2 Bände Reprint, Frankfurt 1976, S. 98
255 ebd., S. 145
256 ebd., S. 146–174
257 Klaus Hartung, in: *Kursbuch* 48, S. 36
258 zit. n. Mosler, S. 24/25
259 zit. n. *Der Spiegel*, 16/1988, S. 91
260 Joscha Schmierer, in: *Forum Academicum*, Heidelberg 1968, Nr. 5/68, S. 5
261 Carlo Schmid, *Erinnerungen*, S. 815
262 ebd., S. 814/815
263 *Neue Kritik*, a. a. O., S. 68
264 ebd., S. 87
265 ebd., S. 5
266 ebd.
267 ebd.
268 ebd.
269 ebd., S. 11
270 *Kursbuch* 14, a. a. O., S. 163
271 *Neue Kritik*, a. a. O., S. 49
272 Helke Sander, zit. n. *CheSchahShit*, a. a. O., S. 171–173
273 Sibylla Flügge, zit. n. ebd., S. 173
274 Wolff/Windaus, *Studentenbewegung* 67–69, a. a. O., S. 173 ff.
275 Klaus Hartung, in *Kursbuch* 48, S. 31 und in: *CheSchahShit*, S. 178
276 Wolff/Windaus, a. a. O., S. 176
277 ebd., S. 174
278 ebd., S. 177/178
279 ebd., S. 182
280 ebd., S. 186
281 ebd., S. 187
282 ebd., S. 188
283 ebd., S. 197
284 ebd., S. 215
285 ebd., S. 218
286 *CheSchahShit*, a. a. O., S. 174
287 ebd.
288 Wolff/Windaus, a. a. O., S. 299
289 ebd.
290 ebd., S. 220–222 ff. für die folgenden Zitate ebenso
291 Hans-Jürgen Krahl, *Konstitution und Klassenkampf*, Frankfurt 1971, S. 345
292 Wolff/Windaus, a. a. O., S. 123–173
293 *Forum Academicum*, a. a. O., Nr. 1/1969, S. 3
294 Klaus Hartung, in: *Kursbuch* 48, S. 17/18
295 Mosler, a. a. O., S. 65/66
296 ebd.
297 Klaus Hartung, in: *Kursbuch* 48, S. 38–42
298 Bommi Baumann, a. a. O., S. 52
299 ebd., S. 55 ff.
300 Mosler, a. a. O., S. 25
301 B. Baumann, a. a. O., S. 59
302 ebd., S. 73

LITERATURVERZEICHNIS

Baumann, Bommi, *Wie alles anfing*, Frankfurt 1977

Bauß, Gerhard, *Die Studentenbewegung der sechziger Jahre*, Köln 1977

Claussen, Detlev, Dermitzel, Regine, *Universität und Widerstand*, Frankfurt 1968

Dutschke, Rudi, Bergmann, Uwe et al., *Rebellion der Studenten oder Die neue Opposition*, Reinbek bei Hamburg, 1968

Dutschke, Rudi, *Geschichte ist machbar*, Berlin 1980 ders., *Mein langer Marsch*, Schriften, Reden und Tagebücher, herausgegeben von Gretchen Dutschke-Klotz, Helmut Gollwitzer und Jürgen Miermeister, Reinbek bei Hamburg 1980 ders., *Die Revolte, Wurzeln und Spuren eines Aufbruchs*, herausgegeben von Gretchen Dutschke-Klotz, Jürgen Miermeister und Jürgen Treulieb, Reinbek bei Hamburg 1983 ders., *Aufrecht gehen, Eine fragmentarische Autobiographie*, Berlin 1981

Giessler, H. Jürgen, *APO-Rebellion Mai 1968*, München 1968

Habermas, Jürgen, *Strukturwandel der Öffentlichkeit*, Neuwied und Berlin 1975

Hager, Jens, *Die Rebellen von Berlin*, Köln und Berlin 1967

Horkheimer, Max, Adorno, Theodor W., *Dialektik der Aufklärung*, Frankfurt 1971

Kommune 2, *Versuch der Revolutionierung des bürgerlichen Individuums*, Reprint Luxembourg 1975

Konkret, 30 Jahre Magazin für Politik und Kultur, Hamburg 1987

Krahl, Hans-Jürgen, *Konstitution und Klassenkampf, Zur historischen Dialektik von bürgerlicher Emanzipation und proletarischer Revolution*, Frankfurt 1971

Kursbuch 2 Bände Reprint (Kursbuch 1–20), herausgegeben von Hans-Magnus Enzensberger, Frankfurt 1976

Kursbuch 48, herausgegeben von Karl Markus Michel und Harald Wieser, Berlin 1977

Marcuse, Herbert, *Das Ende der Utopie*, Vorträge und Diskussionen in Berlin 1967, Frankfurt 1980

Meinhof, Ulrike, *Die Würde des Menschen ist antastbar.* Aufsätze und Polemiken, Berlin 1980

Miermeister, Jürgen, *Rudi Dutschke*, Monographie, Reinbek bei Hamburg 1986

Mosler, Peter, *Was wir wollten, was wir wurden. Studentenrevolte – zehn Jahre danach*, Reinbek bei Hamburg 1977

Mündemann, Thomas, *Die 68er und was aus ihnen wurde*, München 1988

NEUE KRITIK, Zeitschrift des SDS, Heft 47 und 50/1968, herausgegeben vom SDS-Bundesvorstand, Frankfurt 1968

Schmid, Carlo, *Erinnerungen*, München 1979

Schneider, Michael, *Demokratie in Gefahr. Der Konflikt um die Notstandsgesetze*, Bonn 1988

SDS-Hochschuldenkschrift, Autorenkollektiv, Frankfurt 1972. Nachdruck der durchgesehenen 2. Auflage von 1965

Siepmann, Eckhard, *CheShahShit, Die sechziger Jahre zwischen Cocktail und Molotow*, Berlin 1984

Windaus, Eberhard, Wolff, Frank, *Studentenbewegung 67–69*, Frankfurt 1977

BILDNACHWEIS

Ullstein Bilderdienst, Berlin: 2, 9 oben links, oben mitte, mitte links, rechts unten, 11, 13, 17, 33, 59, 68/69, 75, 85 rechts, 94, 99 unten, 101, 102, 109 mitte, 112/113, 118, 125–127, 139, 142. Helga Reidemeister: 47. Jürgen Henschel: 87. Ruth Walz: 134. Jürgen Holtfreter: 151 unten rechts.

Max Horkheimer
Gesammelte Schriften

»Das Spezialistentum ist einer der Tricks, …

… um das Denken zu verhindern.«

S. Fischer
Fischer Taschenbuch Verlag

ÜBER ZIVILCOURAGE UND DIE RISSE IM HERRSCHENDEN CHAOS

LOTHAR BAIER

Firma Frankreich

Eine Betriebsbesichtigung

Spätestens jetzt, da die Firma Frankreich Anstalten macht, mit der Firma BRD zu fusionieren, müssen wir uns fragen, wer da als Compagnon kommt, mit welchen Absichten und mit welchen Folgen.

WaT 155, 144 Seiten, DM 14.–

ULRIKE MARIE MEINHOF

Bambule

Fürsorge – Sorge für wen?

Erweiterte Ausgabe des berühmten, niemals gesendeten Fernsehfilms über die staatliche Fürsorge. Mit Bildern aus dem Film und einem Bericht des Regisseurs.

WaT 147, 136 Seiten, DM 14.–

RUDI DUTSCHKE

Geschichte ist machbar

Texte über das herrschende Falsche und die Radikalität des Friedens. Die Aufsätze Dutschkes sind seltene Dokumente einer Bewegung, die sich auf das Wagnis eines freiheitlichen, aufrechten Sozialismus einließ.

WaT 74, 192 Seiten, DM 8.50

ULRIKE MARIE MEINHOF

Die Würde des Menschen ist antastbar

Aufsätze und Polemiken

Zivilcourage zählt wenig in diesem Land – und doch hat sie auch hier Tradition: daran erinnert dieses Buch.

WaT 62, 192 Seiten, DM 14.50

DANY COHN-BENDIT/REINHARD MOHR

1968: Die letzte Revolution, die noch nichts vom Ozonloch wußte

Dieses Buch ist eine Beschreibung eines – nicht nur – deutschen Ausnahmezustandes, der kaum zwei Jahre dauerte, aber Wirkungen bis heute hinterlassen hat.

WaT 161, 184 Seiten, DM 15.–